守護霊インタビュー 習近平

世界支配へのシナリオ

米朝会談に隠された中国の狙い

RYUHO OKAWA
大川隆法

まえがき

久々に習近平氏の本心直撃インタビューを試みた。もちろん六月十二日の米朝シンガポール会談の裏取りが目的である。北朝鮮の金正恩《キムジョンウン》氏が六月十九日に北京《ペキン》入りして、習主席と何を話したのかを知りたかった。また同時に中国の国家戦略の〝今〟を知りたかったのだ。

習近平氏の守護霊は、六年前に比べて、自信も増し、豪放磊落《ごうほうらいらく》さは、「向かうところ敵なし」といった感じであった。しかし、北朝鮮の非核化はあっさりと認め、日米韓が経済的に北朝鮮を実質支配することを牽制《けんせい》しているかにも見えた。「驕《おご》りの時代」はそう長くは続くまい。

習近平の世界支配へのシナリオは、中国一国全体主義を全世界全体主義へと変える試みだ。ウイグル、チベット、内モンゴルへの侵略主義を知っている民主主義国家が、彼の一帯一路《いったいいちろ》構想に呑《の》み込まれることはなかろう。

北朝鮮に続いて、次は、「中国の終わりの始まり」がスタートするだろう。

二〇一八年　六月二十三日

幸福《こうふく》の科学《かがく》グループ創始者兼総裁《そうししゃけんそうさい》　大川隆法《おおかわりゅうほう》

守護霊インタビュー　習近平　世界支配へのシナリオ　目次

守護霊《しゅごれい》インタビュー　習近平《しゅうきんぺい》　世界支配へのシナリオ

――米朝会談に隠《かく》された中国の狙《ねら》い――

二〇一八年六月二十一日　収録
幸福の科学　特別説法堂《せっぽうどう》にて

「霊言現象《れいげん》」とは、あの世の霊存在の言葉を語り下ろす現象のことをいう。これは高度な悟《さと》りを開いた者に特有のものであり、「霊媒現象《れいばい》」（トランス状態になって意識を失い、霊が一方的にしゃべる現象）とは異なる。外国人霊の霊言の場合には、霊言現象を行う者の言語中枢《ちゅうすう》から、必要な言葉を選び出し、日本語で語ることも可能である。

また、人間の魂《たましい》は原則として六人のグループからなり、あの世に残っている「魂のきょうだい」の一人が守護霊《しゅごれい》を務めている。つまり、守護霊は、実は自分自身の魂の一部である。したがって、「守護霊の霊言」とは、いわば本人の潜在《せんざい》意識にアクセスしたものであり、その内容は、その人が潜在意識で考えていること（本心）と考えてよい。

なお、「霊言」は、あくまでも霊人《れいじん》の意見であり、幸福の科学グループとしての見解と矛盾《むじゅん》する内容を含《ふく》む場合がある点、付記しておきたい。

守護霊《しゅごれい》インタビュー　習近平《しゅうきんぺい》　世界支配へのシナリオ

――米朝会談に隠《かく》された中国の狙《ねら》い――

二〇一八年六月二十一日　収録

幸福の科学　特別説法堂《せっぽうどう》にて

習近平《しゅうきんぺい》（一九五三〜）

中華《ちゅうか》人民共和国の政治家。いわゆる太子党《たいしとう》（党高級幹部の子弟《してい》グループ）の一人。福建省長《ふっけんしょうちょう》、上海《シャンハイ》市党委員会書記、党中央政治局常務委員等を経《へ》て、二〇〇八年に国家副主席に就任。二〇一二年、胡錦濤《こきんとう》の後継《こうけい》として、党総書記、中央軍事委員会主席の座につく。二〇一三年、全国人民代表大会で国家主席、国家中央軍事委員会主席に就任した。

質問者　※質問順

里村英一《さとむらえいいち》（幸福の科学専務理事〔広報・マーケティング企画《きかく》担当〕兼《けん》HSU講師）

綾織次郎《あやおりじろう》（幸福の科学常務理事　兼　総合誌編集局長　兼「ザ・リバティ」編集長　兼　HSU講師）

市川和博《いちかわかずひろ》（幸福の科学専務理事　兼　国際本部長）

［役職は収録時点のもの］

1　米朝首脳会談後の中国の戦略を読む

二〇一〇年から習近平《しゅうきんぺい》の危険性を警告していた幸福の科学

大川隆法　習近平《しゅうきんぺい》氏の守護霊霊言《しゅごれいれいげん》に関しては、二〇一〇年十月二十一日収録の『世界皇帝《こうてい》をめざす男』（幸福実現党刊）と、二〇一二年九月十八日収録の『中国と習近平に未来はあるか』（幸福実現党刊）、この二冊を出していますが、二冊目から六年ほど間隔《かんかく》が空《あ》いてしまいました。

最初の本のころには、彼はまだ副主席でしたが、「政治家としては平凡《へいぼん》であろう」という意見のほうが大勢《たいせい》で、「国家主席になったところで、大したことはなかろう」と

『中国と習近平に未来はあるか』（幸福実現党刊）

『世界皇帝をめざす男』（幸福実現党刊）

いう見解が支配的であったのですが、彼の守護霊霊言を受けて、幸福の科学は、いち早く、「この人は要注意であり、そうとうの権力者になる可能性がある。習近平対策を立てなくてはいけない」という警告を発しました。

その後、この予想は現実のものとなってきて、これまでの国家主席とはかなり違《ちが》う様相を呈《てい》してきました。今はもう、彼は中国の最高実力者ですが、とうとう、憲法を自分の考えに合わせたものに変え、「二期まで」という国家主席の任期制限を外し、事実上、終身制のようにしてしまいました。

そのため、「ヒットラーや秦《しん》の始皇帝《しこうてい》風にもいけるし、その反対にもいける」という状態です。中国の人口から見て、もし、これに資金的なものがついてくれば、彼が「世界最高の権力者」になる可能性も出てきました。

そういうなかで、アメリカと中国を「G2《ジーツー》」とする見方も生じてき始めており、「この二つの国が話し合わないと世界が動かない」というような意見も出てきつつあります。

ただ、米中間には「EUの取り合い」の問題もあります。今、アメリカはEUから少し揺《ゆ》さぶられており、親密な関係から外れようとしているところもあるのですが、中国はもうEUの取り込《こ》みに入っています。

また、アジアでも問題があります。中国がフィリピン近海の岩礁《がんしょう》を島に仕立て上げ、自国の領土をつくり始めたため、アメリカは、「そこはまだ公海、公《おおやけ》の海なのだ」ということで、「航行の自由作戦」と称《しょう》し、挑発《ちょうはつ》的ではありますが、米軍の軍《ぐん》艦《かん》を通過させたりしています。

米朝会談の流れを読めない日米マスコミの見解

大川隆法　そのような状況《じょうきょう》のなかで、今回、二〇一八年の六月十二日にシンガポールで米朝首脳会談が行われました。核《かく》兵器を開発し、「原水爆《げんすいばく》を開発した。弾道《だんどう》ミサイルも撃《う》てるようになった」と称する北朝鮮《きたちょうせん》の金正恩《キムジョンウン》委員長と、アメリカのトランプ大統領が会談をしたのです。会談時間は五時間ぐらいだったかと思います。

そして、抽象的《ちゅうしょう》で包括《ほうかつ》的な言い方ではありますが、「平和を目指す」「朝鮮半島の非核化を目指す」というような話し合いができたとされています。

ただ、今回の会談は、そういうところで終わっているため、マスコミの論調を見るかぎりでは、「結局、何も決めなかったのと同じだ」というような意見も多いのです。

雑誌「ニューズウィーク」は、「金正恩の圧勝だ。金正恩は四つぐらい成果を手に入れたけれども、トランプはグミキャンディを一つ持って帰った感じだ」というような、きついことを言っています。

また、アメリカの新聞からは、「この程度の約束を紙（文書）にするだけのためだったら、会談をする必要はなかったのだ」という意見も出ています。

日本でも、右寄りの新聞から左寄りの新聞まで、会談の成果については懐疑《かいぎ》的ですし、テレビ報道もそうです。何だか分からないというか、風任せというか、「今後、どのように風が吹《ふ》くのだろう」というような感じでマスコミは見ています。

安倍《あべ》首相は、「独自外交」もしたいところでしょうが、流れを読み切れない状態になっています。「トランプ大統領についていけばよいのか。それとも、トランプ大統領についていったら、世界から孤立《こりつ》していくような方向に行くのか。中国がもう次の覇者《はしゃ》として出てくるのか」ということを読み切れない状態になっているようです。

会談前に中国に飛び込《こ》んだ金正恩《キムジョンウン》の真意

大川隆法　習近平氏と昨年まで会っていなかった金正恩《キムジョンウン》氏は、今年、もう三回も会っています。米朝会談の前に二回会い、アメリカとの会談が終わったあとも、二日前の六月十九日に、また習近平氏のところに会いに行きました。

中国を〝実質上の後ろ盾《だて》〟とするために急に飛び込《こ》んだのですが、このへんは〝早業《はやわざ》〟と言えば〝早業〟です。今まで行きもしなかった場所に行き、会いもしなかった人のところに、いきなり飛び込んでいったわけです。

また、金正恩氏は、平昌《ピョンチャン》オリンピックのときには、何か〝寝技《ねわざ》〟をかけて、急に韓国《かんこく》を巻き込んだようにも見えました。あっという間に引っ繰《く》り返り、やり方を変えたのです。

アメリカのジャーナリズムが言うように、こちら（金正恩氏）のほうこそ、交渉《こうしょう》の達人、天才なのでしょうか。

ただ、トランプ大統領は、「私は交渉をずっとやってきたのだ。そのやり方、今まで勝ってきたやり方で、今回も交渉をした。そして、きちんと手に入れるべきものは手に入れた」と言っています。

三人の霊人《れいじん》に「米朝首脳会談をどう見るか」を訊《き》いた

大川隆法　今、米朝首脳会談の当事者の守護霊たちに意見を訊《き》いても、大本営《だいほんえい》発表型で、はっきりしないと思うので、〝裏取り〟として、金正恩氏に随行《ずいこう》していた妹さん、北朝鮮の実質ナンバー2《ツー》である金与正《キムヨジョン》氏の守護霊霊言を録《と》りました。

それから、イギリスの元首相であるウィンストン・チャーチルの霊に、「今回の会談をどう見るか」ということを訊きました。彼はヒットラーの正体をいち早く見破った人です。

さらには、アメリカの元国務長官であるヘンリー・キッシンジャー氏の守護霊に分析《ぶんせき》していただきました。

この三つを録り、「これで、今回の米朝会談の持つ意味が、だいたい分かったのではないか」と思います。

この三人の意見としては、「北朝鮮の非核化は進む。トランプ大統領のほうが交渉的には上回ったのではないか」ということです。

ただ、先ほど述べたように、これは世間《せけん》の見方とは違っています。世間のジャーナリストたちの間では、「トラ

● 2018年6月13日収録の『北朝鮮の実質ナンバー2 金与正の実像　守護霊インタビュー』（幸福の科学出版刊）

● 2018年6月15日収録の『米朝会談後の外交戦略　チャーチルの霊言』（幸福の科学出版刊）

● 2018年6月18日収録の『米朝会談後に世界はどう動くか　キッシンジャー博士 守護霊インタビュー』（幸福の科学出版刊）

ンプ大統領は手ぶらで帰った」というような意見のほうが強いのです。アメリカのマスコミも、トランプ大統領に対してかなり厳しいので、そういう見方もあるだろうと思います。

北朝鮮《きたちょうせん》が絡《から》んだことで米中覇権《はけん》戦争が早く始まる可能性も

大川隆法　この会談と同時期に、アメリカは「関税障壁《しょうへき》の問題」で、EUとの関係がかなりグラグラしてきていますし、カナダとも少し仲が悪くなってきています。それから、移民問題等でもまた問題が出てきています。

さらに、アメリカと中国との関係を見ると、「アメリカが中国製品に対して二十五パーセントの追加関税をかけたら、中国もアメリカ製品に対して二十五パーセントの報復関税をかけたため、トランプ大統領はさらに十パーセントの追加関税をかける」というようなかたちで、貿易戦争の様相を呈してきました。北朝鮮《きたちょうせん》問題をやっている間に、そういう感じになってきたのです。

そこで、もう一人の要人として、中国の最高権力者になっている習近平国家主席の守護霊を六年ぶりに呼び、「金正恩氏が中国に来て、何を言っていたのか。中国はどうするつもりなのか」ということを訊きたいと思います。

もう、この人（習近平氏）の意思決定で、おそらく、中国は物事を決められるはずなのですが、誰《だれ》も取材できないところなので、「ここに訊けば（米朝会談の見方の）〝外堀《そとぼり》〟はだいたい埋《う》まるのではないか」と思うのです。

残るは、トランプ大統領本人の守護霊と金正恩氏本人の守護霊だけですが、まだ米朝の交渉が続いていくとすれば、あまりはっきり話すとは思えません。必要があれば収録しますが、その前に、この二人以外から訊いたものを集めてみたいと思います。

今日（二〇一八年六月二十一日）の公開霊言が持つ意味は大きいと思います。今後の動きを予想する意味でも、習近平《シージンピン》氏の守護霊インタビューには、かなり強力な効果があるのではないかと思います。

そういうことで、（習近平氏の守護霊に）気に入られている里村さんや……。

里村　いえいえ！

大川隆法　綾織さんの意見を聴き、あとは市川さんの国際本部的見解も入れてみたいと思います。

今回の収録の持つ意味は大きいでしょう。習近平氏が、もし、アメリカのトランプ大統領と同じような意見を持ち、それで世界を動かしていくつもりであるなら、世界の動きは、ある程度、もう固まりますが、何か〝裏の考え〟があるのか、北朝鮮に関し、また〝別な扱《あつか》い方〟をするつもりがあるのなら、それとは違ってくるでしょう。

ある意味では貿易戦争が始まろうとしているので、世界は平和に向かっているのではなく、「中国対アメリカ」の衝突《しょうとつ》が近未来においてあるかもしれません。もしかしたら、北朝鮮を絡《から》ませたことによって米中の対立が加速され、予想よりも早いかたちで覇権《はけん》戦争が始まる可能性もないとは言えません。このへんについて、ベテランの質問者のみなさんに迫《せま》っていただければと思います。

それでは始めます。

里村　はい。お願いいたします。

大川隆法　「八百回目の公開霊言」といたしまして、習近平・中華《ちゅうか》人民共和国主席の守護霊霊言を賜《たまわ》りたいと思います。

習近平氏の守護霊よ。

習近平氏の守護霊よ。

幸福の科学にご降臨《こうりん》くださって、最近の国際情勢や北朝鮮問題、今後の国家戦略等について、われらの質問に忌憚《きたん》ない意見を述べてくだされば幸いです。
よろしくお願いします。

（約十秒間の沈黙《ちんもく》）

2 「独裁国家は強く、民主主義国家は弱い」

「いよいよわしの時代がやってきた」

習近平守護霊　ああ、うーん……。

里村　習近平・中華《ちゅうか》人民共和国国家主席の守護霊様でいらっしゃいますでしょうか。

習近平守護霊　うーん、そうだな。

里村　今回、習主席の守護霊様には、六年ぶりに、このようにインタビューさせていただく機会を頂きました。まことにありがとうございます。

習近平守護霊　まあ、君たちのおかげでね、●チンギス・ハンっていうあれ（過去《か こ》世《ぜ》）が入ったからねえ、カリスマ性が増してね、まあ、権力掌握《しょうあく》には、ちょうど役には立ったよ、うん。

里村　ある意味で、幸福の科学は、おそらく習主席の実際に持っておられる力をいちばん最初に指摘《してき》し、世界に発信したところだと自負しております。

習近平守護霊　そうでしょう。おかげでなあ、モンゴルを押《お》さえ込《こ》むのはかなり進みましたしな。

里村　ほう。

●チンギス・ハンっていう……　幸福の科学の以前の霊査で、習近平氏の過去世はモンゴル帝国の初代皇帝チンギス・ハンであると推定されている。『世界皇帝をめざす男』（幸福実現党刊）参照。

習近平守護霊　それから、まあ、〝終身主席〟になるっていう離《はな》れ業《わざ》も、毛沢東《もうたくとう》以来のことをとうとうやれたので、いよいよわしの時代がやってきたか。アッ、ハッ、ハ、ハッ……。

里村　六年間でこの権力基盤《きばん》を確固としたものにする手腕《しゅわん》というのは、本当にすごいものだなあと敬服しています。

習近平守護霊　戦略的なんだよ、意外になあ。だから、副主席のときに、前例がないが、もう最後になる平成の何とか天皇に拝謁《はいえつ》をな、向こうがしたのか、わしがしたのか知らんが、いちおうして。今まで主席でなければ会えなかったものを、副主席の段階で会ったということで、「わしはそれ以上の立場にある人間になるのだ」ということを、日本国民にも、いちおう警告はしておいたんだがな、うーん。

里村　なるほど。警告という意味もあったかもしれませんけれども、駆《か》け込みでスーッと皇居に来られたというのは、やはりすごいなと思いました。当時、日本では小沢一郎《おざわいちろう》さんが協力したというような話もありました。

まあ、そうした過去のこともそうなのですが、何と言っても、今は、世界の情勢、あるいは、世界史が大きく変化し始めていると評価できる時代になってきています。

ご存じのとおり、六月十二日に米朝首脳会談が行われ、そして、先般《せんぱん》、その報告もあったと思うのですが、金正恩《キムジョンウン》北朝鮮《きたちょうせん》労働党委員長が北京《ペキン》を訪問し、習近平国家主席にご挨拶《あいさつ》もされています。

この一連の動きについて、どのようにご覧になり、また、どのように持っていこうと考えているのか、ぜひ、世界に先駆けてお言葉を頂ければと思います。

習近平守護霊　何パーセントぐらい本当のことを言やあいいんだい？

里村　いや、もう百パーセントですね。

習近平守護霊　百パーセント（笑）。

里村　百二十パーセント、頂ければと思います。

習近平守護霊　本当かあ？　君もけっこう〝タヌキ〟だからなあ、ああ？

里村　いえいえ。とんでもないです。

習近平守護霊　引っ掛《か》けられるとよくないからなあ。君ねえ、失言はな、失脚《しっきゃく》のもとなんだよ。気をつけないといけないいんだ。ああ？

里村　いや、今さら失脚を心配するようなお立場ではございませんので。

習近平守護霊　わしの権限でも、まだ君らを粛清《しゅくせい》できないからさあ、日本国内に生きている以上は。

里村　なるほど。

習近平守護霊　まあ、北京に来たら、しょっ引《ぴ》くことは可能だがな。

米朝首脳会談の成果は「半分ずつ」

里村　もちろん、失言を期待してのものではございません。
このあたりのことは、大政治家にはどのように見えるかということは、これから世界の人々が学ぶためのいろいろな勉強の材料になりますので、ぜひ、忌憚《きたん》のないご意見を伺《うかが》いたいと思います。

習近平守護霊　うん、うん。

里村　まず、六月十二日には米朝首脳会談がございました。

習近平守護霊　ああ、うんうん。

里村　冒頭《ぼうとう》の大川総裁のご解説にもありましたように、アメリカのマスコミや日本のマスコミ、あるいは政治家等も含《ふく》め、「米朝首脳会談は、成果があったのかなかったのか、よく分からない」という反応が多くあります。なかには、「金正恩委員長が、一方的に勝利した」というものもありますが、実際のところはどうなのだというような状況《じょうきょう》です。

そのなかで、私どもは霊界《れいかい》情報をもとに、「実はトランプ大統領は、金正恩委員長から非核《ひかく》化の決意、非核化の意思、さらに、平壌《ピョンヤン》の無血開城の意思というものを引き出した」ということで、大きな流れが生まれたと見ていますけれども、習近平主席の守護霊様は、どのようにご覧になっていますでしょうか。

習近平守護霊　そらあ、半分ずつ、成果のところはあるかもしらんがなあ。

里村　ほお！　はい。

習近平守護霊　まあ、一つは、その言葉どおりの方向に物事は進んでいくだろうとは思うがな。

ただ、もう一つは、ああいう〝花火〟を打ち上げとった小国・北朝鮮が、スーパーパワーであるところのアメリカ合衆国の大統領とだな、シンガポールで、対等に、大国同士のように会談したということ。そして、その金正恩が、〝北京詣《もう》で〟をしておるということ。

まあ、これの意味することが分からないようでは、いかんわな。

里村　なるほど。あの小国の北朝鮮が、アメリカと対等の大国のように話をしたこと。そして、もう一点が、金正恩委員長が、その後、すぐ習近平主席に報告に行っていること。この意味が分からないようではいけないと。

では、これには、どのような意味がおありなのでしょうか。

習近平守護霊　うん。だからさあ、「もう、米中が覇権《はけん》戦争で会談するような時代じゃない」っていうことだよな。

里村　ほう。

習近平守護霊　だから、「北朝鮮とアメリカとが対等に渡《わた》り合う時期」が、今、来たわけよねえ。

そうすると、北朝鮮の生殺与奪《せいさつよだつ》の権を握《にぎ》っている、北京政府というか中華人民共和国は、北朝鮮・アメリカを超《こ》えた〝スーパー・スーパー超《ちょう》大国〟だな、う～ん。

里村　ある意味で、プレーヤー二人が戦っている上で、ルールを決めたり、ゲームを仕切る立場に……。

習近平守護霊　うん、まあ、審判《しんぱん》だな。審判ね。「はい、（笛で）ピーッ！　反則」って、旗とかを揚《あ》げる、こっちのほうかな。

里村　そこに立たれたと。

習近平守護霊　うん。

北朝鮮《きたちょうせん》は「中国の一省にしかすぎない」

里村　そのお言葉の前提として、先ほど、「半分は正しい。そのまま行くだろう」とおっしゃいましたが、「そのまま」というのは、具体的に言うと、どういうことでしょうか。

私どもは、北朝鮮《きたちょうせん》の「非核化」、そして、北朝鮮の「体制の保証」、さらに、北朝鮮の、主に「経済的な問題も含めた開放」、さらに言えば、「民主化、自由化」まで延長線上に見ているのですが、習主席の守護霊様も、こういったことが進んでいくというようにご覧になっているということですか。

習近平守護霊　というかねえ、君らは彼（金正恩氏）を過大視して、北朝鮮を「国家」だと思うとるから、そういうふうなことになるわけだけども、私のほうから見りゃあ、北朝鮮なんていうのは、「中国の一省」にしかすぎないわけでね。いいかい？

里村　はい。

習近平守護霊　一省の……、まあ、君らで言やあ、どのくらいになるかね。君らで言うと、岩手県知事ぐらいの立場かな。

だから、「岩手県から核施設《しせつ》をなくすか、ミサイル発射基地をなくすか。岩手県民が被災《ひさい》したら、それを救うか、それとも食糧《しょくりょう》を供給するか、家を建ててやるか」みたいな、そんな感じなのよ。はっきり言やあ。

里村　ほおお。

習近平守護霊　だから、君、認識に違《ちが》いがあるわけよね。あれを国家と思っとるかもしらんけど、われらから見れば、省の一つであってね。

北朝鮮のわずか数十……、まあ、マックス六十発、実際上、撃《う》てるのはせいぜい二十発ぐらいと思われるが。その程度の核が搭載《とうさい》できるかもしらん弾道《だんどう》ミサイルはあるが、私らはね、それを中国のどの省に移動しようと一緒《いっしょ》だからね。あるいは、そこでつくり増したっていいんだからさ。結局、戦力的には変わらないんで。「中国の一省」って、「付属省」なので、あそこは。

だから、うちらは別に、何も痛くも痒《かゆ》くもないんだよ。

里村　習主席から見ると、はっきり言って、たかだか二十発程度の核兵器で、世界最強の民主国のアメリカが慌《あわ》てるのは、情けないというか、弱いということですか。

習近平守護霊　そう。（北朝鮮が）アメリカと対等にできたということ？　ノコノコとトランプが出てきてだなあ、シンガポールくんだりで……、まあ、ＳＰがたくさん、百人ぐらいついてきてたかもしれないけど、核があるだけで怯《おび》えて、そんなチンピラヤクザの小国と対等に会談してるっていうところを見たら、「もはや敵ではないな」ということはよく分かったよ。

マスコミの放し飼いが国を弱くする

里村　やはり、民主主義国の弱さが出たという……。

習近平守護霊　弱いね。だから、「マスコミを〝放し飼い〟にすることが、これほど国を弱くするのだ」っていうことが、よーく分かったわ。ハッ。

里村　はあ。

習近平守護霊　やっぱり、「独裁専制全体主義国家は、民主主義国の十倍以上は強い」ということが、よく分かった。

里村　それは、もちろん、「マスコミが書き放題に書く」というのもございますけれども、民主主義国においては、「国民一人ひとりの命を大切にする」という部分があります。そういうところも、やはり、弱さになっている？

習近平守護霊　「反権力は、国民を幸福にする」と思っとるんだろう？　基礎《きそ》にはな。わしらだって、それは知ってるから。そのくらいは。

ただ、それはな、「独裁者を防ぐ」ということぐらいの意味しかないんだろうけども、私らみたいな、積極的に独裁化を進めている国とか、もう、北朝鮮も独裁主義だよな、そういう独裁主義の国であったら、こんなに戦力差があっても対等にやらざるをえないんだっていうことだなあ。

トランプだったら、核ミサイルのボタンを押すのだって、本当に押せはしないよ。実際、全部、合意を取らなきゃ押せるわけがないな。

しかし、金《キム》は、夕食後に腹が立ったら、本人一人で撃てるからね。この怖《こわ》さはねえ……。で、マスコミなんか誰《だれ》も批判しないで、みんな、「素晴《すば》らしい」って言うんだろう？　言わなかった人は、翌日には、もう首がなくなってる。この怖さはねえ……。

だから、われらには十倍以上の力があることは、よく分かったよ。

里村　はあぁ。なるほど。

3　米朝首脳会談は、習近平のシナリオだった？

最大の勝利者は中国なのか

綾織　この米朝首脳会談の見方の一つとして、「最大の勝利者は中国である」という見方もあります。

例えば、トランプ大統領が、「在韓《ざいかん》米軍と韓国軍との合同演習を中止する」という発表をし、「もしかしたら、将来的には撤退《てったい》ということもありうる」というようなことも言われていたことについて、「これは、明らかに中国が勝利したのではないか」という見方もされているのです。

習近平守護霊　まあ、それ、試《ため》してみたんだよ。金正恩《キムジョンウン》に、「今回の会談で、一回、

●在韓米軍と韓国軍との……　トランプ大統領は、2018年6月12日の米朝首脳会談後の記者会見で、8月に予定されていた米韓合同軍事演習の中止検討を表明。その後、6月18日にアメリカ国防総省が中止を発表した。

それを持ち出してみろよ」と。

綾織　ほう。

習近平守護霊　もし、トランプが、「合同演習の中止」を言うようだったら、トランプも底は知れたものだから。北朝鮮《きたちょうせん》が追い込《こ》まれているにもかかわらず、それを中止するようだったら、「弱いな」っていうことは分かる。

綾織　ああ、なるほど。

里村　それは、二回目の、大連《だいれん》での中朝首脳会談のときですか。

習近平守護霊　そう、そう、そう、一回……。だから、普通《ふつう》は、私が言ったって、そんな簡単に止《や》められるようには、建前上は思えないものだけど、金正恩が言ったら、止めるか、止めないか。ちょっと、カマをかけさせてみたのさ。（トランプは）断ってもよかったんだけどね。「いやあ、いつもの予定どおりやりますよ」と言っても別に構わないんで、今までのアメリカであれば。あっちは大国なんで、北朝鮮なんていう直接外交もないところとトップ会談をする必要なんか、何にもないんで。ほんとに強けりゃね。

里村　ええ。

習近平守護霊　言ってみたら、（米韓合同軍事演習は）止まったよな。これを見て、「ああ、アメリカは、与《くみ》しやすし」っていうのが、中国の考えだわな。

里村　ほおお。

北朝鮮《きたちょうせん》の生殺与奪《せいさつよだつ》のキーは中国が握《にぎ》っている

綾織　では、大連での会談では、そういうサゼッション（示唆《しさ》）として、「こうやったらどうか」という話を、かなり細《こま》かくされたのですか。

習近平守護霊　いや、細かいことは、私は一切《いっさい》言いませんよ。

私が言ったのは、「（米韓合同軍事演習の中止を）議題に一回出してみろ」っていうことと……。まあ、結論的には中国がキーを握《にぎ》ってるから。アメリカが言うところを実現できるかどうかのキーは握っているし、また、北朝鮮《きたちょうせん》を生かすか殺すかのキーも中国が握っていて、両方を握ってるので。両方の決定権を中国が持ってるんで。

だから、金正恩との話し合いでは、いちおう、「彼（トランプ氏）との話は、抽《ちゅう》象《しょう》的な約束にしときなさい」ということは言っといた。

里村　ほう。

習近平守護霊　そして、「実質的には、中国が一枚嚙《か》むことになるから、（非核《ひかく》化等は）段階的にしかやれないんだ」と。「これも、もう決まってるから、（段階的にしか）できないけど、言葉尻《じり》を捉《とら》えられないように気をつけなさい」ということは言っておいたけどね。あとの調整は私らのほうだから、どうするかはねえ。

綾織　その流れでいきますと、緩《ゆる》やかな抽象的な合意をして、金正恩氏に対しては、「完全な非核化をしなくてもよい」というようなサゼッションを……。

習近平守護霊　いや、しても大丈夫《だいじょうぶ》ですよ。

綾織　あ、それはいいんですか。

習近平守護霊　うん、しても。だから、「一省にしかすぎない」って言ってるじゃないの。

綾織　なるほど。

習近平守護霊　岩手が失礼なら、青森でもいいけどさ。青森でなければ、北海道の利尻島《りしりとう》でもいいんだけどさ。まあ、そういうものだから、北朝鮮っていうのは。大国・中国から見りゃあ、そんなものなんで。

「利尻島にミサイル発射基地をつくったけれども、これを撤去する」、そんなの別に（笑）、日本国内のほかのところに移せばいいだけのことだろう？

綾織　では、金正恩氏に対しては、「非核化を呑《の》み、体制保証してもらえ」というようなことを言ったということですか。

習近平守護霊　うーん、まあ、「中国は、経済制裁を緩和《かんわ》するのは、比較《ひかく》的簡単にできることはできるので、名目は要《い》るだろうねと。名目として、いちおう、それ（非核化）は言ったほうがいいんじゃないかな」って。

里村　なるほど。

習近平守護霊　そう言えば、制裁を緩めるきっかけにはなるわな。中国がいちばん緩めやすい。だって、原油とか、ほとんどこっちから行っているしね。貿易額も最大ですからね。

まあ、今ちょっと、去年から締《し》め上げたんで、終わりごろね、トランプがあまり言うから締め上げたけど、また、関税のところで〝喧嘩《けんか》を売って〟きてるからね。

こっちも、「ちょっと、小難《こむずか》しいところは見せないといかんかな」とは思うておるがな。

4　北朝鮮《きたちょうせん》の開放は世界に何をもたらすか

中国の「肉を斬《き》らせて骨を断《た》つ」考え方

里村　貿易戦争については、追い追いお伺《うかが》いしたいと思うのですけれども、まずは、米朝首脳会談から中朝首脳会談を含《ふく》めての話についてお訊《き》きします。

北朝鮮《きたちょうせん》が、ある意味では、中国ではなくてアメリカの後ろ盾《だて》の下《もと》に体制が保証され、そして、経済が開放されていくとなると、朝鮮半島を含めて、アメリカの影響《えいきょう》がすごく強くなってくると思います。そうなると、中国としては嫌《いや》なので、そこに横槍《よこやり》を入れるのではないかというような見方も、私たちはしていたのですが、このへんについては、習主席守護霊としては「関係ない」ということですか。

習近平守護霊　いやいや、やっぱり、「皮を斬《き》らせて肉を断《た》つ、肉を斬らせて骨を断つ」型の考え方だから、北朝鮮の表面をちょっと斬ってみせて、それで国際社会のなかの信任を得て、発言権を増すっていうことだよなあ。

だから、やっぱり、中国なしのG7《ジーセブン》なんて意味がないことを知らせなきゃいけないわなあ。

里村　ああ……。

習近平守護霊　中国やロシアなしのG7なんか意味ない。だから、カナダなんて、あんな小国が、そんなに口を出す必要はないわなあ。

里村　それで、今回の中朝会談でも、習主席は、「米朝会談はよかった。非核化《ひかく》の合意が得られて、よい会談だった」というようにおっしゃっていたのでしょうか。

習近平守護霊　まあ、いいんじゃないの？　いやあ、うちがやらなくても、北朝鮮が米国の大統領と直接一対一で、サシで対談できるっていうんだから、そらあ、ずいぶん身分が上がったわな。

綾織　となりますと、中身云々《うんぬん》というよりも、先ほどおっしゃったような図式で会談が行われ、中国の相対的なポジションが上がるというのが、いちばん、「中国が勝利者だ」というように言えるところですか。

習近平守護霊　いやあ、別に、勝利も何もないけどさ。最初から勝ってるから、そんなもん意味ないことだけど。

鴨緑江《おうりょくこう》（北朝鮮と中国の国境）の向こう側、中国側には、もう弾道《だんどう》ミサイルなんかいっぱい集まってるんで（笑）。別に、北朝鮮が撃《う》たなくても、中国東北部からだって撃てるので。韓国《かんこく》だって、アメリカの施設《しせつ》だって、みんな狙《ねら》える状態にすでにあるから、別に、何がどうってことはないよ（笑）。

里村　「西側に対する脅威《きょうい》」という意味では、状況《じょうきょう》としては、大局的には全然変わっていないわけですね。

習近平守護霊　いや、そんなことない。「西側に対する脅威」なんていうものはないですよ。西側が、ただただ退潮していってるというか、没落《ぼつらく》していってるだけのことであって、われらは、当たり前の「中華《ちゅうか》型繁栄《はんえい》」を目指してるだけですから。もともと「世界ナンバーワン国」なので。元の姿に戻《もど》ろうとしているだけのことですから。

里村　なるほど。

習近平守護霊　世界史のほとんどは、「中国がナンバーワンであった歴史」ですからね。

「急速な中国の登場」は何を意味するか

里村　昨日《きのう》、一昨日《おととい》、金正恩《キムジョンウン》委員長と何を話されたのかについても、細《こま》かいところ、具体的なことが出てこないので興味はあるのですが、そこをお伺いする前に、お訊きしたいことがあります。

今年の三月二十六日に、金正恩委員長が突如《とつじょ》として中国に行き、初めて習主席と会われました。また、米朝会談においては、中国側が飛行機まで提供して、金委員長はシンガポールに飛んで行っています。そして、今回（六月十九日、二十日）の中朝会談です。

この急速な中国の登場というのは、習主席のほうから持ちかけられたのでしょうか。それとも、金正恩委員長のほうから〝ヘルプ〟が来たのですか。

習近平守護霊　いやあ、それは「柔《やわら》」と一緒《いっしょ》よ。こんなの、敵の力を利用して投げるんであってね。

だから、台湾《たいわん》と一緒に、こちらの北朝鮮も、いちおう、「中国の代理人として使えるようにしよう」とはしているので。

まあ、北朝鮮と交渉《こうしょう》している間、アメリカはほとんど動けなくなるからさ、対中国戦略としてはかなり後退するのは確実だなあ。（アメリカは中国を）メインターゲットにしたいところだろうが、こんな小国相手に、これから十五年もやるんだろ？　やったらいいよ。その間、十五年あれば、私がどこまでやれるか、お見せしたいと思うんでねえ。

里村　ほお。習主席は、アメリカの力をやや低く見すぎではないかなと思ったりもするのですが、これもまた追い追いお伺いします。
では、今回の中朝の、ある意味で仲の良いやり取りは、阿吽《あうん》の呼吸というか、向こうからの「話がしたい」という思いと、中国からの「いろいろと利用してやろうか」という思いがあって始まったことだと？

習近平守護霊　今まではさあ、中国の報道官の意見なんかも、北朝鮮のアナウンサーのおばさんが言っているのと変わらないような論調で、いつも敵を非難する一方であったと思うけども、中国も、ご機嫌《きげん》を取ったり、ほめ上げたりするようなことを言い始めているし、北朝鮮もそうなりつつある。
われらは、要するに、「国際社会を裏から牛耳《ぎゅうじ》ろう」と、今、考えてるところであるんでねえ。手玉に取ろうとしているので。

里村　今、「われらは」とおっしゃいましたが、それは、「中国と北朝鮮」ということですか。

習近平守護霊　うん。まだもうちょっと国は増えてくると思うけどね。

里村　「われら」の側が、もう少し増えてくる？

習近平守護霊　うん。台湾も、もうすぐだから。それから、やっぱり、フィリピン、マレーシア、このへんも、もうすぐ〝中華連邦《れんぽう》〟に入るからさ。

里村　ただ、マレーシアなどでは、それとは違《ちが》う動きも始まっております。マハティール氏とかですね。

習近平守護霊　まあ、すぐ死ぬさ。

●マハティール（1925〜）　マレーシアの政治家。開業医であったが、1964年に下院議員に当選し、1981年にはマレーシア第4代首相に就任。日本や韓国から学ぶルック・イースト政策を提唱した。2003年に引退するも、2018年5月のマレーシア連邦下院選で、中国との結びつきを強めていた前政権を破り、92歳で第7代首相に就任した。

里村　すぐ死ぬ？

習近平守護霊　うん。

綾織　後継《こうけい》もいるとは思いますけれども（苦笑）。

習近平守護霊　すぐ死ぬし、寿命《じゅみょう》も来るし。寿命が来なかったら、あの世へ送る方法はいくらでもあるし。

里村　ほう、ほう。

あるいは、フィリピンなどでも、ドゥテルテ大統領という方が登場してきて、また……。

●ドゥテルテ大統領（1945～）　フィリピンの政治家。フィリピン・リセウム大学政治学部を卒業後、検察官となる。ダバオ市長を通算7期22年務め、治安や経済状況を改善。2016年6月、第16代大統領に就任し、国民の高い支持を得ている。『ドゥテルテ フィリピン大統領 守護霊メッセージ』（幸福の科学出版刊）参照。

習近平守護霊　いやあ、暗殺しようと思えば、中国から百人ぐらい刺客《しかく》を送り込《こ》めば必ず死ぬよ。

里村　なるほど。

アメリカを北朝鮮《きたちょうせん》にくっつけている間に台湾《たいわん》を取る

里村　では、台湾《たいわん》に関しても、アメリカが北朝鮮《きたちょうせん》のほうに釘付《くぎづ》けになっているうちに……。

習近平守護霊　ハハ（笑）、そのとおりだ。よく分かったな。

実は、（アメリカを）北朝鮮にくっつけている間に、「台湾を取る」つもりでいるんだよ。十五年以内にね。

里村　これについては、六年前の霊言《れいげん》で、「二〇二〇年までに台湾を取る」ということを言われていました。

習近平守護霊　うん、まあ、近いよ。近い。

里村　近い？

習近平守護霊　だけど、北朝鮮がごねて、段階的にやっているうちは、（アメリカは）台湾まで行けないだろうね。

台湾の蔡英文《さいえいぶん》（総統）とかは、大阪《おおさか》の大したことのない地震《じしん》であっても、災難救助を申し出たりして、日本の気を引こうとしてるけど、日本の安倍《あべ》さんはそこまでは頭が回らんからさ。「台湾防衛」まで頭が回っとらんだろう、たぶんな。

だから、台湾は取られるのさ。アメリカが北朝鮮とやってる間に。

中朝首脳会談で交《か》わされたやり取りとは

綾織　今回の米朝会談の裏側で操《あやつ》っている習近平氏の狙いというのは……。

習近平守護霊　操ってない、操ってない。天地自然の流れで。

綾織　なるほど。大きく見ると、こういう協議が米朝でずっと続いていって、非核化も続いていき、それをやっている間に、台湾など南のほうが押《お》さえられると？

習近平守護霊　いや、G2《ツー》はね、もうなくなろうとしている。君ね、「G2の時代が来る」なんて十年遅《おく》れてるんだよ。「G1《ワン》」なんだよ、もうすでに。

綾織　あっ、もうそうなっていますか。

里村　「G1」ですか。

習近平守護霊　中国の皇帝《こうてい》が決めたことが世界の正義になる時代が、もう来ている。

里村　別の霊人《れいじん》の方から、「今、中国は天下二分《にぶん》の計を狙っている」という言葉も出たのですが。

習近平守護霊　そんな遅れた情報を取っては駄目《だめ》だな。もうそれは終わってるんだからさ。「天下二分」ったって、北朝鮮と太平洋を分けようかっていう話ぐらいまで行《い》ってるんだからさ、アメリカは。

中国は、そんなレベルじゃないでしょう。

●別の霊人の方から……　『司馬遼太郎　愛国心を語る』(幸福の科学出版刊)参照。

里村　ほお。本当に訊きたいことがたくさんあるのですが……。

習近平守護霊　どうぞ、どうぞ。

里村　昨日、一昨日の中朝首脳会談で、主席のほうからは、どのような話をされたのでしょうか。

習近平守護霊　うーん。「うちの料理は口に合いますか」とか、そういう話をしとったな。

里村　それは非常に含意《がんい》に富んだお言葉だと思うのですが、「うちの料理が気に入りましたか」とは、つまり、「今回の米朝会談の私のシナリオが気に入りましたか」

という意味ですか。

習近平守護霊　うーん、北朝鮮のは辛《から》いからねえ。だから、中国の味付けがお口に合うかどうか訊いてみましたがね。

里村　そして、金正恩委員長の答えは、いかがだったのでしょう。

習近平守護霊　うん？　何が？　「すべてが素晴《すば》らしい」と言うとったよ。

里村　なるほど。

そうすると、今後も、やはり、北朝鮮に対する中国の実質的な指導というのがずっと続いていくわけですね。

習近平守護霊　まあ、〝県知事〟だからね？　要するに。

里村　県知事が中央政府のほうに挨拶《あいさつ》に来た程度のものだ、と。

習近平守護霊　まあ、そんなところですわね。

日米は、〝すり鉢地獄《ばちじごく》〟の北朝鮮《きたちょうせん》から逃《に》げられなくなる

里村　しかし、朝鮮《ちょうせん》半島におけるアメリカの影響が非常に強くなっていくと、将来には、部分的に民主化・自由化も始まってくる可能性も十分ございます。このへんというのは、中国東北部と鴨緑江で接していて……。

習近平守護霊　へへへ（笑）。君はまだ地獄《じごく》を知らんなあ。

里村　ほお。

習近平守護霊　北朝鮮ってのは〝蟻《あり》地獄〟なんだからね、一種の。だから、あそこに投資をした国は全部、吸い込まれていくんだからさ。ハハ（笑）。アメリカの会社が繁栄を目指して北朝鮮に投資をかけたら、この〝蟻地獄〟に吸い込まれていって、逃《に》げるに逃げられなくなってくるのさ。それが狙いなんで。

里村　ええ？

習近平守護霊　蟻地獄、ないしは〝すり鉢《ばち》地獄〟でも何でもよいが、まあ、〝流砂《りゅうさ》の地獄〟でもいいが、足を取られて抜けなくなる。アメリカを抜けられなくするのが狙いなので。

ここから逃げられなくなったら、中国は一時間もあれば北朝鮮制圧に入れますので。アメリカ企業《きぎょう》は逃げられない状態で、〝人質《ひとじち》〟なんです。（北朝鮮に）入ってくるアメリカの企業が。

里村　それは、西ドイツが東ドイツと一緒になって、しばらく経済的に大変だったのと同じような状態になるということですか。

習近平守護霊　まあ、アメリカや日本も、おそらくは、そうとう〝生き血〟を吸われるだろうね、北朝鮮にね。それを今、狙ってるんで。

里村　ほう。

習近平守護霊　経済的に、北朝鮮がアメリカと日本から〝生き血〟を吸い取って、ドラキュラ風に吸って、吸って、吸って、吸ってするのも狙っている。

で、韓国からも〝吸い取る〟から。韓国だけの力では、東西ドイツの合併《がっぺい》ほどの力はないのは分かってるからね。ほかの国も吸い込むから。

君らの言う、愛と正義と平和のためにね、君らの血税を北朝鮮に投入していけば、君らはみんな、北朝鮮の〝蟻地獄〟か、あるいは、〝蜘蛛《くも》の巣地獄〟に引っ掛《か》かるようになっているんでね。

里村　ただ、お言葉ですけれども、例えば、日韓併合後の朝鮮半島、あるいは、満《まん》州国《しゅうこく》ができた時代を見ると、経済や生活のありようはかなり上がっておりまして、日本としては、当時、朝鮮半島および今の中国の東北三省、つまり満州に当たるところに投資した部分について、それなりの成功も得ていたと言えると思うのです。まあ、戦争と引き換《か》えではありましたから、そういう意味では〝出血〟もあったとは思います。

しかし、必ずしも、「アフガニスタンのような〝すり鉢〟で、かかわった国がみんな落ちていく」といったかたちではないかと思うのですが。

北朝鮮《きたちょうせん》の〝すり鉢《ばち》〟を使って韓国《かんこく》を逆支配する

習近平守護霊　いやあ、アフガニスタンなんていうのは、話になんねえな。北朝鮮《きたちょうせん》の〝すり鉢《ばち》〟の怖《こわ》さをまだ知らんな、君は。これは、すごいからね。韓国《かんこく》の、あのお人好《ひとよ》しを振《ふ》る舞《ま》っている大統領が、まずは、あれが生贄《いけにえ》にはなると思うけど、まもなく。

だから、韓国を引きずり込むことによって、韓国を逆支配するつもりでいるんで。ハハハハハハハ（笑）。

里村　それは、主席がですか。

習近平守護霊　（中国の）省が二つになる。まあ、一つだな。（北朝鮮と韓国が）合併すりゃあ、一つになるわな。二つでも一つでも一緒だけども。韓国も、THAAD《サード》、迎撃《げいげき》ミサイルを北朝鮮に向けて、中国に対してもできるようになってるが、これをアメリカと日本のほうに向けてやるようにしてあげるよ。

安倍《あべ》首相が偽物《にせもの》の遺骨を引き取るために幾《いく》ら援助《えんじょ》するか

綾織　では、今後の展開としては、朝鮮戦争の平和協定を結んだあと、南北朝鮮の合併を進めて、その後ろ盾になっていくという流れでしょうか。

習近平守護霊　「後ろ盾」というような気持ちは、特にはないが。何が起きようとも、中国の利益になるように全部、使っていくつもりではあるわな。

里村　いや、ちょっとこだわるようですけれども、「投資しても何の意味もない、すり鉢地獄である北朝鮮に、日本とアメリカの力を使わせる」とおっしゃいましたが、北朝鮮の何が〝すり鉢〟なのでしょうか。労働力的には、それなりに真面目《まじめ》な方も多いとも聞いているのですけれども。

習近平守護霊　まもなく、安倍《あべ》さんが引っ掛かるから見てろよ。なあ。〝偽物《にせもの》の遺骨〟を引き取るために、幾《いく》ら援助《えんじょ》するか、まあ、見てろよ。

里村　それはアメリカにしても、今回、北朝鮮が米兵の遺骨を返すということで……。

習近平守護霊　それだって、もう、犬の骨かも分かんねえからね。うーん。ハッハハハ（笑）。そんな国だよ。

里村　それは、例えば、拉致被害者《らちひがいしゃ》の、いろんな……。

●北朝鮮が米兵の遺骨を……　2018年6月20日、トランプ大統領は、朝鮮戦争で消息不明となった約200体の米兵遺骨が北朝鮮から返還されたと公表した。

習近平守護霊　そんなものがあるわけがないでしょう？　ああいう国でね、証拠《しょうこ》が残ると思ってるほうが幼稚《ようち》だよ。

里村　そうですか。

習近平守護霊　だから、「西側ってのは、意外にボンクラ揃《ぞろ》いだなあ」とは思ってるのよ。自分らが考えるように相手も考えると思っとるからさ。ああいう国は、「まったく証拠を残さないのが、いちばん賢《かしこ》い」と思ってるから。残すわけがないでしょ、そんなもん。

里村　なるほど。

5　米中貿易戦争の行方《ゆくえ》

アメリカは戦える状態ではない？

里村　今、非常に重要なお考えを聞かせていただきました。朝鮮《ちょうせん》半島に力を入れることによって、実は、アメリカや日本の力が大きく削《そ》がれるということで、それは中国の利益にもなると。

習近平守護霊　うん。

里村　一方で、少し別な観点からもお伺《うかが》いしたいのですが、日本の防衛に関する一部の専門家の考えのなかには、「在韓《ざいかん》米軍の撤退《てったい》があるにしても、そうすることで、アメリカはすでに南シナ海問題等、中国に対するシフトを始めている」という見方もあります。

習近平守護霊　うーん。

里村　つまり、北朝鮮問題を解決して、中国を〝脅威《きょうい》の本丸《ほんまる》〟として見て動き始めているマティス国防長官、あるいは韓国の大使になるハリス太平洋軍司令官などの動きを見て、そうおっしゃる方もいます。

「実は、中国はすでにアメリカからロックオンされているのではないか」という見方もあります。このあたりについてはいかがでしょうか。

習近平守護霊　アハハハ（笑）、残念だ、残念だったなあ。あんたの期待する軍人たちは、まったく経済が分かっとらんからさあ、アメリカが戦える状態にないことを知らないんだなあ。ああ。残念だけど。

里村　はあ。

習近平守護霊　トランプさんは、今ねえ、せっせせっせと節約しないと生きていけない状態にあるわけよ。台所は火の車なんだよ。

軍人は消費するだけだからさあ、そんなこと考えちゃいないんだけどさ。トランプさんはね、今、民生用の仕事をつくって、収入のない人に収入をつくることに熱心だけど、税金で戦争することには熱心じゃないんだよ。

里村　そうですか。

習近平守護霊　だから、ある意味では民主党よりも安全な政権なんだよ。何せ、ああいうね、経営感覚がありすぎるがために戦えないんでね。

綾織　逆に、その分だけ経済戦争的な部分が強くなりますよね？

習近平守護霊　ところが、（トランプ氏は）貿易は大してやったことがないんだな。もう、アメリカの土地の売り買いばかりしとったからさ。貿易は分かってないんで、国際ビジネスマンじゃないんだよなあ。

里村　ただ、お言葉ですけれども、習主席がどれくらい貿易戦争等への見方がおできになるのかについては、これまた未知数の部分があるわけですが。

習近平守護霊　私は、不動産屋として見りゃあ、トランプ以上よ。だって、地続きのヨーロッパまで取る気があるんだからさ（笑）。うーん。大きくなるなあ。

里村　いや……。

習近平守護霊　プーチンが何か〝脛《すね》〟に傷を負ったら、「ロシアだって一鍬《ひとくわ》入れてやろうか」とは思うとるからさ。

「中国はアメリカに大恐慌《だいきょうこう》を起こせる」

綾織　ただ、今、トランプ大統領が行《おこな》っている、中国の貿易黒字を減らす貿易戦争の部分が、一年、二年と進んでいったときに、本当に中国の資金が干上《ひあ》がるような流れができてくるのではないですか。

習近平守護霊　と、思うだろう？　だけどなあ、チャイナマネーを日本に落とし、買い物をずいぶんし、ねえ？　アメリカに行って、ニューヨークなんか、もう中国人ばっかりが溢《あふ》れて買い物をしている。これがサーッと潮が引くように退《ひ》いていったときに、さあ、アメリカの景気はよくなるのかな? 人口が違《ちが》うからねえ。

綾織 アメリカは一年間に三百万人ぐらいの単位で雇用《こよう》を増やしていますので、それは、中国とは、ある意味で切り離《はな》されていくと思いますよ。

習近平守護霊 いやあ、中国の観光客が物を買わなくなって去っていく。で、アメリカは自国民だけを富まそうとして頑張《がんば》る。そして、諸外国からは全部、ブロック経済をかけられて孤立《こりつ》する。そして、モンロー主義が始まる。

うーん、昔、見たような光景だなあ?

里村 うーん。

●**モンロー主義** 第5代アメリカ合衆国大統領ジェームズ・モンロー(在職1817-1825)によるアメリカの外交方針。ヨーロッパとアメリカの相互不干渉を提唱し、「孤立主義」とも称される。

習近平守護霊　アメリカは「戦争には一切《いっさい》かかわりたくない」と、次はそうなるから。経済的に孤立したら、「次は、戦争には一切タッチしない」と。「日本の問題は自分でやってください」と、まあ、こう来るでしょうなあ。

里村　ただ、米中貿易を見ますと、アメリカとの貿易が滞《とどこお》るというのは、やはり、中国にとっても痛手があると。

なぜなら、中国経済の伸《の》びを特に支えているものが、輸出で稼《かせ》ぐものであったりします。肝心《かんじん》の中国の内需《ないじゅ》が上がってこないのですが。

習近平守護霊　だけどねえ、私ら、アメリカに恐慌《きょうこう》を起こそうと思ったら、簡単に起こせるんだからね。

里村　ほう。

習近平守護霊　米国の国債《こくさい》をいちばん持っているのは、こちらなんでね。全部売り浴びせたら、アメリカなんか、あっという間に大恐慌ですからね。だから、戦争だけが戦争じゃないよ。経済的にだって戦争はできるんだよ。

里村　ええ。まあ、「アメリカ国債を盾《たて》に取る。人質《ひとじち》に取っている」という見方もできるんですけれども……。

習近平守護霊　売り飛ばせば、もう大恐慌だよ。あっという間に、ウォール街《がい》のエリートたちが全部、失業よ。

だから、農民たちとかさあ、鉱山の作業人たちは「仕事をもらえた」と思って喜んでるかもしらんけど、ラスティッドベ……、ラストベルトかな?

●ラストベルト　アメリカの五大湖周辺にある工業地帯のこと。かつては鉄鋼業や製造業が栄えていたが、1970年代から衰退。ラスト(rust)とは「錆」という意味。

里村　ラストベルトですね。

習近平守護霊　なんか、錆《さ》びついた工業地帯は、ちょっと人手が甦《よみがえ》ったって言ってるのかもしらんが、ウォール街が〝失業の嵐《あらし》〟になって、アメリカがもつかな。

里村　ただ、そこに関しては、もう一つの見方として、米国債を売り浴びせて、米国債が暴落すると、同時にドルも暴落しますが、実は、ドルを中心として外貨準備をしている中国にとっても、大きな大きな痛手になるのではないですか。

習近平守護霊　ただ、アメリカは「個人主義の国」だからねえ。中国は「全体主義の国」だからね。戦争体制だということで、「みなさん我慢《がまん》しなさい」と言やあ、我慢しますからね。コーリャンを食って、我慢してりゃあいいわけであって。

まあ、日本のほうが危ないわね。アメリカがそこまで行ったら、これ、この次は日本もガサーッと崩《くず》れてくるだろうね。そらあ、大変なことになるだろう。今、一千百兆円もある国家の債務がね、アメリカ経済（の危機）がもう一回来たら、日本も、もう、ドサーッと債務国になって、アルゼンチンみたいになるわけだ。大変だろうなあ。

里村　なるほど。

「世界史は、中国の一国支配に変わる」

綾織　ただ、経済の今の実態を見ると、いちばん不安定なのは中国だと思います。

習近平守護霊　いやあ、中国は健全ですよ。もともと農業国家ですからね。いざというときは、みんな農業に戻《もど》りますから、別に、どうってことはない。どうってことない。

綾織　まあ、そういうことであれば大丈夫《だいじょうぶ》なのでしょうけれども（笑）、近代的な部分では、上海《シャンハイ》を中心に株の崩壊《ほうかい》もありましたし、そのあとの、土地バブルの崩壊も無理やり抑《おさ》えている状態ではないでしょうか。
ですから、いちばん不安定なのは中国であり、ある意味において、アメリカとの「チキンレース」のようなかたちになると思います。

習近平守護霊　でも、「一帯一路《いったいいちろ》構想」で、今、もうEUまで取りに入っているし、アフリカまで取りに入っているので。もう、「中国の世紀」が始まるんだよ。君たちの未来の世界史はねえ、「中国一国支配」に変わるよ？　うーん。

里村　ほう。いろいろなお考えを聞きたいので、あえて反論するようなかたちになりますけれども。そうは言っても、結果的に、ある意味で人民元《じんみんげん》を保証しているのが、事実上ドルとペッグ（固定相場）にして、貨幣《かへい》価値を護《まも》っているのが実際のところですよね。

習近平守護霊　うーん。

里村　現実問題として、アメリカが中国の「金融《きんゆう》の自由化」というものに対して本気になり、あるいは、ＩＭＦ（国際通貨基金）等で、それを中国に勧《すす》めようとした場合に、人民元が暴落して、中国経済が大きくガタッと来ます。これは、もう、中国経済にとって非常に怖《こわ》いアキレス腱《けん》だという意見もあるのですが、このへんの金融自由化のプレッシャーについては、どうお考えになりますか。

習近平守護霊　台湾《たいわん》、韓国、日本から〝年貢《ねんぐ》〟が入ってくるから大丈夫だよ。

里村　年貢が？　ほう。

習近平守護霊　それは、〝朝貢《ちょうこう》〟しなきゃいけなくなるからさ。ええ。彼らが今までつくってきたものを、うちらが接収するからさ。うん。

里村　そうすると、かつての「砲艦《ほうかん》外交」じゃないですけれども、強大な軍事力を盾にして、日本あるいは韓国・台湾を脅《おど》して、そして、中国国内への投資を進めさせるといったことが考えられる……。

習近平守護霊　日本のデパートだって、今、中国人の観光客が来なくなると聞いたら、きっと震《ふる》え上がるよ。安倍《あべ》さんの消費税（増税）は、もう〝日本殺し〟そのものになるよ、完璧《かんぺき》にな。

里村　うーん。まあ、インバウンド（訪日外国人旅行）だけを期待しているところは打撃《だげき》ですね。

トランプは、北朝鮮《きたちょうせん》の脅威《きょうい》が減ったことで軍事費の削減《さくげん》に入る

里村　ただ、いろいろと話していて、ちょっと細《こま》かいところにまで入ったのですが、いずれにしても、実は、以前、習近平主席の守護霊様に話を聞いたときは、まだ、オバマ大統領の時代でした。

習近平守護霊　うーん、そうだねえ。

里村　トランプ大統領に対しては、どのようにご覧になっているんですか。

習近平守護霊　うーん、まあ、「西部のガンマン」だよなあ、これは明らかにな。

だから、拳銃《けんじゅう》を抜《ぬ》いて撃《う》ったら、それは当たればいいが、外れたら、次は〝血祭り〟に上げられるだろうな。まあ、そういうことだろうな。

里村　オバマ大統領と比べて、与《くみ》しやすい、あるいは与しにくいところなどは、どうでしょうか。

習近平守護霊　まあ、どっちも弱いので、どうしようもないが。

里村　弱い？

習近平守護霊　ああ、うーん。どうしようもないが、年取ってる分だけ、彼は年々弱っていくんじゃないかなあ、トランプさんのほうは。

オバマは若かったからね、まだ。まだ若いところがあったからさあ。それと、国際的に人気はあったからさ、ちょっと。うーん。

里村　逆に言うと、「時間がないから、思い切ったこともできる」という考え方、見方もあります。

習近平守護霊　うん。だから、強くはないが、同情票っていうかさあ、友達を増やす力は持っとったわな、オバマはな。

ただ、トランプは友達がどんどん減って、もう、「最後の西部のガンマン」みたいで、拳銃に弾《たま》を込《こ》めて、弾が六発入っているかもしれないけど、これを撃ち尽《つ》くしたら、もう終わりになる。

綾織　そのへんは、一般《いっぱん》のマスコミでも言われていることなので、まあ、そうかもしれませんが、また別の見方もあって、もともとは、「一期目で北朝鮮《きたちょうせん》の問題を片付け、二期目に入って、中国に対峙《たいじ》していく」という……。

習近平守護霊　まあ、それは、そちら側の見方だろ？　そちら側の都合《つごう》のいい見方はそうなんだ。

綾織　それが、この六月の米朝首脳会談で、北朝鮮についてはいちおう決着をつけ、次は中国に向かっていくんだという意味で、「わずか一年半で、一期目の仕事がほぼ終わってしまったような状態になっている」という見方もあります。

習近平守護霊　まあ、でもねえ、トランプさんは、「北朝鮮の核《かく》の脅威《きょうい》が減った」ということを手柄《てがら》にすることになる、まもなくな。

手柄にするから、削減《さくげん》は始まりますよ。アメリカも軍事力を削減して、財政の立て直しに入ろうとするから。日本の言う一般歳入《さいにゅう》ぐらいの軍事費を使ってるからね。

これを、もう大幅《おおはば》に舵《かじ》を振《ふ》るわないかぎり、あちらはよくならないから。だから、「もう、世界から核戦争の恐怖《きょうふ》は遠ざかった」ということで、軍事費を圧倒《あっとう》的にガーッと下げてくるので。

中国にとってはさ、勝手に敵が崩壊していくのは、別にどうってことはないので。

里村　いや、在韓米軍の経費だったり、米韓合同軍事訓練のコストがなくなるのは分かるんですけれども、ほかの部分を下げるという話は、今のところ、アメリカから出ておりません。

楽観的になって結構なんですけれども（笑）、むしろ、中国のほうはお金がどんどんかかる。軍事費も、国防予算として毎年二十兆円かかっていますが、習主席は、自分にとって非常に有利なほうに考えられていらっしゃるのではないかと……。

習近平守護霊　うーん。だけどさあ、日米が戦争する前は、アメリカは車の本場でねえ? 世界の大自動車工場だったわけだけどさあ。今は、トヨタとか日産とか、そんなものに攻《せ》め込まれてねえ? やられておりますわね。だから、もう、本丸のところを〝食い尽くされている〟状態だよなあ。

そして、日本は人口が増えないでいて、今、人口が増える見通しがあって車を買いそうなのは中国しかない。インドが車を買えるかといったら、まあ、道路を直すところからやってもらわないと、簡単にはいかんし、所得をもうちょっと上げなきゃいけないわなあ。

ということになりましたら、車産業が息を吹《ふ》き返したくても、中国との縁《えん》を切るわけにはいかんでしょうな。そういう意味では、ハハハハ(笑)。こちらが〝救世主〟であってねえ、向こうを救えるかどうかは、こちらにかかってるんだよ。

6　二〇二〇年に向けた、習近平の覇権《はけん》戦略

「台湾《たいわん》は牛と競争するカエルみたいなもの」

綾織　では、「中国が救世主であり、Ｇ１《ジーワン》の時代だ」という前提で、少しお話をお伺《うかが》いしたいと思うんですけれども。

北朝鮮《きたちょうせん》のほうにアメリカが引きずり込《こ》まれるということですが、南のほうですね、台湾《たいわん》、フィリピン、東南アジア、それから、先ほどはマレーシアの話も出ましたけれども、中国としては、二〇二〇年前後にかけて、このあたりをどういうふうに支配していく考えですか。

習近平守護霊　それはねえ、なるべく、「戦わずして勝てる」ように持っていこう

とは思ってるけどね。まあ、お金は惜《お》しいからねえ。実際の戦争をして戦うのはバカみたいだから。〝朝貢外交《ちょうこうがいこう》〟をさせるのがうちの本質ではあるんで。台湾も、牛と競争するカエルみたいなもんでね、〝お腹《なか》が裂《さ》けてくる〟ということで、「もう大中国とは競争できない」と、ギブアップした段階で終わりだから。まあ、そういうふうになるように、環境《かんきょう》を整えていく努力はする。日本は、何せ台湾とは国交もないんだからね。どうしようもないわなあ？　うーん。

綾織　中国としては、そうしたことを、アメリカに邪魔《じゃま》させない状況《じょうきょう》をつくる……。

習近平守護霊　アメリカも最後のジャブを打ってるところだから、もうすぐ艦隊《かんたい》を引き揚《あ》げていなくなると思うよ。だから、もうすぐ、「とりあえずハワイまで来て、西海岸に帰る」っていう、こういう〝ピストン運動〟に変わるから。

郵便はがき

料金受取人払郵便

赤坂局承認

9429

差出有効期間
平成31年2月
28日まで
(切手不要)

1078790

112

東京都港区赤坂2丁目10－14
幸福の科学出版(株)
愛読者アンケート係 行

ご購読ありがとうございました。お手数ですが、今回ご購読いただいた書籍名をご記入ください。

書籍名

フリガナ お名前	男・女	歳
ご住所 〒　　都道府県		
お電話（　　）　―		
e-mail アドレス		
ご職業 ①会社員 ②会社役員 ③経営者 ④公務員 ⑤教員・研究者 ⑥自営業 ⑦主婦 ⑧学生 ⑨パート・アルバイト ⑩他（　）		
今後、弊社の新刊案内などをお送りしてもよろしいですか？（はい・いいえ）		

愛読者プレゼント☆アンケート

ご購読ありがとうございました。今後の参考とさせていただきますので、下記の質問にお答えください。抽選で幸福の科学出版の書籍・雑誌をプレゼント致します。(発表は発送をもってかえさせていただきます)

1 本書をどのようにお知りになりましたか?

①新聞広告を見て [新聞名:]
②ネット広告を見て [ウェブサイト名:]
③書店で見て　④ネット書店で見て　⑤幸福の科学出版のウェブサイト
⑥人に勧められて　⑦幸福の科学の小冊子　⑧月刊「ザ・リバティ」
⑨月刊「アー・ユー・ハッピー?」　⑩ラジオ番組「天使のモーニングコール」
⑪その他 ( )

2 本書をお読みになったご感想をお書きください。

3 今後読みたいテーマなどがありましたら、お書きください。

ご感想を匿名にて広告等に掲載させていただくことがございます。ご記入いただきました個人情報については、同意なく他の目的で使用することはございません。

ご協力ありがとうございました。

もう、金がないんだよ。「グアムから長距離爆撃機《ちょうきょりばくげきき》を北朝鮮まで飛ばすのは、しんどい」と、ちゃんと、トランプさんが自分でしゃべってんだから、この前ね。「費用もかかるし、遠いから、もう嫌《いや》だ」「こんな地球の裏側まで来んでもええだろう」って言って。

まあ、それはそのとおり。財政再建を中心に考えりゃあ、絶対そうだよ。そんなところまで行く必要はない。地球の裏側まで行って戦争準備するなんて、バカげた話だ。な？

里村　ええ。

習近平守護霊　だから、国内のことに集中すればいいじゃん。だから、アメリカは今、〝中興の祖〟を迎《むか》えたわけよ、ね？

里村　うーん。

習近平守護霊　国内産業がもう一回持ち直して、失業者を減らして、そして、モンロー主義をして国際社会からは孤立《こりつ》して、意見は言わない。そういうことだよな？

里村　今、非常に重要な戦略をお伺いした気がします。

「一帯一路《いったいいちろ》構想」でアメリカを孤立《こりつ》させる

習近平守護霊　人権問題は中国が決めるのであって、アメリカは人権問題を批判されるようになるわけだ。

まあ、中国が世界の大国となり、「地球人っていうのは、ほとんど中国人のことだ」ということになるから、中国の人権感覚のあり方が世界標準になって、「移民をいじめているアメリカは、ちょっとけしからん」というようなことを中国が言う

●人権問題を……　2018年6月19日、トランプ政権は国連人権理事会からの脱退を表明した。

ようになって、みんながそれに追随《ついずい》するようになる。

里村　期せずして、習主席の未来図を、今お伺いした感じがするのですけれども、そうすると、戦略的に、貿易戦争などによるアメリカの経済的孤立《こりつ》、これが、中国としては「一帯一路《いったいいちろ》構想」と関係しているわけですね。

習近平守護霊　うーん、まあ、ここはだいぶ（アメリカとは）違《ちが》うわな。

里村　はあ。

習近平守護霊　だから、トランプさんは、〝自分の家〟の家計だけをよくしようと、そこばかり考えてるじゃないの。

だけど、私らはもう、地球レベルで、〝中国のベルト〟をベーッと巻こうとしてるんだからさ。
構想力に違いがあるわな。だから、ヨーロッパに打ち勝った東の国っていうのは、まあ、私の（過去世《かこぜ》、チンギス・ハン）時代しかないんだからさ、ほとんど。

里村　うん、うん。

習近平守護霊　日本なんか、朝鮮半島への朝鮮出兵ぐらいで、すぐ負けてるんだ、いつもな。
だから、ヨーロッパまで占領《せんりょう》したのは、私の時代しかないからな。ハハハ（笑）。

里村　まあ、先の大戦では、日本は中国のなかでもかなり暴《あば》れたんですけどね。

習近平守護霊　ああ、ああ。

里村　そうすると、「一帯一路構想」でもって、要は、アメリカが国際経済から少し退《ひ》いたところで、一気にそこを押《お》さえていくという考えですか。

習近平守護霊　うん。だからね、アメリカは、今、余計なことを口出しいっぱいしておるけれども、まあ、イランとか、あんなことは心配する必要ないよ。アメリカの力は、まもなく及《およ》ばなくなるから。

里村　ほう。

習近平守護霊　そういう産油国がみんな、私たちの支配下にもうすぐ入るから。アメリカは、自分のところでシェールオイルでも掘《ほ》ってりゃいいのさ。そしたら、一国経済で完結するようになるから。

里村　ええ。

習近平守護霊　砂漠《さばく》地帯を全部押さえるつもりがあるので。

里村　ああ、そちらでですね。

習近平守護霊　うん、うん。全部取るから。

宗教の問題への対策は？

里村　そのときに、イスラム圏《けん》では、特に今、「イスラム国」の残存勢力が、ウイグルのほうに行っているという情報もあったりするのですが、このイスラム教との問題はどのようにされるのですか。

習近平守護霊　いやあ、ウイグルでね、イスラム教を棄《す》てて〝中国教〟に変えるように、今、指導しているところなんで。

里村　いやあ……。

習近平守護霊　これから、彼らに、その模範《もはん》的なあり方を教えますから。だから、大中国が、おそらくこれから、二十億、二十五億と、ほかの国を吸収して大きくなっていくので、もう、「中国人にあらずんば、人にあらず」というふうになるから。まあ、ウイグルには、模範的な中国人になる方法を教えてあげよう。

里村　ほおう。そのへんは、国際的な感じはどうですか、市川さん。

市川　やはり、宗教というものは大切だと思います。人を肉体的には束縛《そくばく》できても、心の部分は束縛できないところがありますので。

習近平守護霊　うーん。まあ、心があればね。

市川　今、宗教に対しては、国内でもかなり厳しく弾圧《だんあつ》されていますけれども、今後、そのあたりについてはどのような政策をお持ちですか。

習近平守護霊　まあ、あのねえ、心なるものを説いてもいいんだがな、「食糧《しょくりょう》」と「武器」には勝てないんだよ。残念ながら、地上に生きているかぎりな。

食糧を止《と》められ、なくなって、武器を持って攻《せ》めてこられたら、まあ、チベットもウイグルも、どこも一緒《いっしょ》さ。モンゴルも一緒さ。あのねえ、どうしようもないんだよ。

里村　うーん。

習近平守護霊　もうどうにもならない。たとえ、君たちの政党が、「ウイグル解放」とか言ったところでね、見せしめに殺す人の人数が増えるだけのことだからさ、意味ないよ。

里村　うーん。

習近平守護霊　諦《あきら》めたほうがいいよ。だから、「武器」と「食糧」を押さえたら、もう絶対、心の問題では解決しないの。

対インド戦略の中身

市川　そういうなかで、お隣《となり》に、宗教的な大きな国として、インドがございますけれども。

習近平守護霊　うん。ああ、あるね。

市川　対インド戦略で、何かお考えはありますか。

習近平守護霊　それは、パキスタンに攻めさせるからいいよ。

里村　おお。

習近平守護霊　私は直接やらない。パキスタンで十分に対応できるので。パキスタンと張り合わせてインドを疲弊《ひへい》させるから、まあ、大丈夫《だいじょうぶ》だ。

里村　ただ、インドの人口も、まもなく中国を超《こ》えて世界一になることが予想されます。

習近平守護霊　うん、うん、うん。

里村　潜在的《せんざい》に、中国にとっては、次に来る脅威《きょうい》になるのではないでしょうか。

習近平守護霊　そんなことはない。インドのあの巨大《きょだい》な人口は、中国がいわゆる奴《ど》隷《れい》階級を持つことができる可能性を大きく示しているわけでね。

里村　インドが中国の奴隷階級になるのですか？

習近平守護霊　そうそう、そうそう。シュードラだな。下層の奴隷階級が必要だから。中国は今、中級から上級層へと移行中なんで、これから、下の労働力が不足してきますから。

それに、高齢《こうれい》化もちょっと進んでおりますので、やっぱりインドの伸《の》び盛《ざか》りの戦力を苦力《クーリー》として、労働力として使うことができれば、まあ、「めでたし、めでたし」だわなあ。

里村　それは、巨大なインドの宗教パワーや、キリスト教系の宗教パワーも含《ふく》めて、ちょっと軽く見すぎているのではないですか。

習近平守護霊　いや、インドはねえ、そろそろ解放してやらなきゃいけないっていいうことだな。

里村　解放ですか。

習近平守護霊　ああいう超《ちょう》原始的な多神教っていうかな、猿《さる》の神だの、牛の神だの、象の神だの、まあ、いいかげんにしたほうがいいよ。だから、ああいうものは一掃《いっそう》しなければ。

まあ、宗教全部を否定する気はないけれどもね。近代的な宗教にするためにも、イスラム教がやったように、ああいうものは一回〝きれいに〟したほうがいいと思うんで。

その意味では、マルクス主義ないしはイスラム教で、いったん、あちらを崩《くず》させてもいいと思ってるんだけどね。

「国民の生活は全部監視《かんし》している」

綾織　先ほど、国内の宗教弾圧、人権弾圧の話もありましたけれども、やはり、「人間に心がない」というように思われている時点で……。

習近平守護霊　いや、「ない」と思ってはいないよ。だけど、「武器と食糧には勝てない」と言ってるだけだ。

綾織　そういう見方もあるとは思いますけれども、中国の国内で、信仰《しんこう》を持って活動されている人は、地下活動が多いのですが、どんなに弾圧されても信仰は絶対に棄《す》てないという方も、たくさんいらっしゃいます。

習近平守護霊　だけど、右手に「機《き》関《かん》銃《じゅう》」、左手に「食糧」を持ってこられたら、もう、みんな、鉄格子《てつごうし》のなかへ入るんですわ、完全に。鉄格子のなかで何を妄想《もうそう》しても構いませんよ、心があるからね。妄想しても構いませんけど、「何の影響《えいきょう》もない」ということです。はい。

里村　習近平主席の守護霊様が、それをおっしゃるのは分かるんですが、一方において、ノーベル平和賞を受賞した劉暁波《りゅうぎょうは》さんが、実際に、獄死《ごくし》というか、病死というか、死なざるをえなかった。そして今、その奥様《おくさま》が、自由に国外に出られないということで国際的な批判も高まっております。

そうした部分が今、じわじわと、ある意味で、逆に「中国包囲網《ほういもう》」をつくっている部分もあるんですけれども。

習近平守護霊　アハハ（笑）。甘《あま》いなあ。だから、君らは甘いんだわ。

里村　甘い？

習近平守護霊　劉暁波が何だっていうのよ。そんなものはね、何て言うか、ただの反乱分子にしかすぎないわけで。巨大な国家の前にはね、もう〝蟻一匹《ありいっぴき》〟にしかすぎないんだ。

こんなもの、ノーベル賞なんか出そうが出すまいが、何の影響もありゃしないっていうんだ。そういう権威を一蹴《いっしゅう》して見せてるわけよ。

だから、君らの民主主義は、マスコミに洗脳されすぎてるのよ。〝マスコミ教〟なるものにやられている民主主義だから。トランプさんもそうだよ。それを敵に回しているから、力があんなに弱くなっているんだ。

私たちには、逆《さか》らえるマスコミはないし、国民の生活活動は、ぜーんぶ情報警察が監視《かんし》しているので。

里村　はい。

習近平守護霊　もう、ネットでさえ自由ではありませんから。だから、今、最強の国家だと思いますね。

里村　八年前に、初めて習主席の守護霊様の話を聞かせていただいたときには、かなり用心深く発言をされていて、「ああ、この人は手強《てごわ》いな」と思ったんですけれども。

習近平守護霊　いやあ、当時とは「実力」がもうだいぶ違ってきているからね。

里村　逆に、ちょっと、驕《おご》っておられる部分があるのではないかと。

習近平守護霊　うーん。

里村　こんなことは、普通《ふつう》に口には出せない言葉なんですけれども。

習近平守護霊　いやあ、君が毛沢東《もうたくとう》の生まれ変わりだと称《しょう》するんだったら、それは、いい勝負になるなあ。

里村　いや、こちらからすると、別に驕っていただいても、それが一つのチャンスになるのでいいんですけれども。

7　ロシアと日本を〝落とす〟戦略

中国国内での改革の可能性は？

里村　幸福の科学の公開霊言《れいげん》は、今日が八百回目なのですが、そのなかで、最近もイギリスのチャーチル元首相の霊、あるいは、太平天国《たいへいてんごく》の乱のリーダーの洪秀全《こうしゅうぜん》さんなどから、「中国国内から変化を生む者が生まれてくる可能性がある」と。

習近平守護霊　うん。

里村　民主化、中国を変える、あるいは、「中国が三つぐらいに分裂《ぶんれつ》する」という、こういうふうな近未来の見方も出てきております。

●チャーチル元首相の霊、あるいは……　『米朝会談後の外交戦略　チャーチルの霊言』『「太平天国の乱」の宗教革命家 洪秀全の霊言』（共に幸福の科学出版刊）参照。

こういったことについては、まったくそんな感じはないと?

習近平守護霊　うん、ないねえ。

里村　そうですか。

習近平守護霊　ソ連の崩壊《ほうかい》について、そうとう勉強したからさ。ソ連についてねえ、ああいうふうにならないようにするにはどうしたらいいか、それから、ロシア革命以降の、スターリンが天下を治めてから〝失脚《しっきゃく》した〟あの流れも、よく研究はしてはいるし。

まあ、プーチンがまたスターリンを崇拝《すうはい》し始めているので、ロシアをどう〝料理〟するかも、これから考えるところなんで。まあ、できるだけ長生きして、世界を〝料理〟しようとは思っておるがなあ。

里村　うーん！

ロシアを脅威《きょうい》とは考えていない習近平守護霊

里村　今、プーチン大統領の名前が出たので申し上げます。わりと最近のことですが、日本の森《もり》（喜朗《よしろう》）元首相が、プーチン大統領と比較《ひかく》的昵懇《じっこん》の関係で、プーチン大統領は、「ロシアにとって、いちばん気をつけなければならないのは中国なんだ。だから、ロシアは日本とつながらなければいけないんだ」ということを非常に強く言っていたという話がありました。

ですから、プーチン大統領は、ある意味で、特に力を持った中国を仮想敵国のように見ている可能性も高いわけですが、この「プーチンカード」については、いかがですか。

習近平守護霊　いや、（プーチン氏は）そこまでは考えていないと思うよ。ただねえ、ロシアの極東部分は（中国に）取られる可能性があるから、そこは警《けい》戒《かい》はしているわねえ。

里村　ああ。

習近平守護霊　だから、そっちを取られると、もうバルト海のほうしか（外に）出られるところがないからさ。

里村　はい。

習近平守護霊　バルト海に出るほうと、あとは、シリアのところもすごくこだわっているけどね、あっちから大西洋に出る。

この、海に出るルートをいつも考えているんで、こちらの太平洋側に出るルート（ロシアの極東部分）を塞《ふさ》がれるのを、彼はいちばん困っているから。その意味で、日本と近づきになって、ここのところを牽制《けんせい》しようとしているのは、そうだろうとは思うけどね。

里村　うん。うん。

習近平守護霊　ロシアっていう国が、まあ、ちょっと長くて広すぎるんじゃないの？　だから、あっちも、「天下三分《さんぶん》の計」で三つぐらいに割ったほうがいいんじゃないか？

里村　うーん。言葉を裏返すと、ロシアが強国になってくると、やはり、中国にとっては脅威《きょうい》だということではないですか。

習近平守護霊　いや、強国にはならないよ。アメリカと競争していたのから、今、世界九位ぐらいまで落っこちているんだろうから。もう、どんどん分割《ぶんかつ》していって、藩《はん》が独立したような状況《じょうきょう》だからねえ。それは、ならないよ。

「日本は勝手に没落《ぼつらく》してろ」

里村　その自信のほどを、今、伺《うかが》わせていただきましたけれども、習主席の守護霊様には今、日本をどのようにしていくか、お考えはございますか。

習近平守護霊　いや、何にも考えてないよ、日本のことなんか。

里村　日本は考えていない？

習近平守護霊　うん。なーんにも。

里村　そうすると、日本はこのまま自由主義陣営《じんえい》の一翼《いちよく》を担《にな》って、発展・繁栄《はんえい》していくと？

習近平守護霊　いや、勝手に没落《ぼつらく》するんじゃない？

里村　没落する？

習近平守護霊　うん。「勝手に没落してろ」っていうのが、本音だな。

里村　ほう。

習近平守護霊　ハッハッハッハ（笑）。

里村　日本は、なぜ没落していくと？

習近平守護霊　指導者がいないから。

里村　なるほど。

今、安倍《あべ》首相が一生懸命《いっしょうけんめい》に動いておりますが、安倍首相では、まだまだですか？

習近平守護霊　（安倍氏は）ハエみたいに飛び回っているけどね。だが、頭脳がないからさ。空中を飛ぶことしか考えていないから、まあ、それだけだな。

「東京空襲《くうしゅう》と台湾占領《たいわんせんりょう》を同時にやる」

里村　具体的にお伺いしますと、二〇二〇年までに、台湾《たいわん》が中国のほぼ支配下に入ると。

習近平守護霊　まあ、東京オリンピックがあるから、二〇二〇年にするかどうかはちょっとまだ分からんけどね、はっきりはね。

里村　台湾に関係するところで言うと、日本の立場からは、尖閣《せんかく》諸島、および、いちばん台湾に近い島が与那国島《よなぐにじま》ですが、ずーっと沖縄《おきなわ》本島まで……。

習近平守護霊　そんな小さい。おまえらは考えが小さい。そんな与那国だとか、そんなちっちゃいところばっかり防衛しとれ。まあ、やってろよ。

里村　ええ。

習近平守護霊　「防人《さきもり》」でな。防衛してたらいいんじゃないか？

私らがやるときは、いきなり「東京空襲《くうしゅう》」をやりますから。

里村　ええっ！

習近平守護霊　そこから来るんで。まあ、君らとは大局観が違《ちが》うので。そんな、日本の外れの島を一生懸命防衛してたらいいよ。ハハハ（笑）。

里村　ただ、軍事的に見ると、空中、あるいは海中、海上で戦線を延ばすには、やはり陸上、特に島嶼《とうしょ》部を押《お》さえていかないと駄目《だめ》なんです。ここを絶対に押さえないと、実は、東京を空襲するとか潜水艦《せんすいかん》で通って行くといっても、絵に描《か》いた餅《もち》にしかなりません。

それで、中国としては、やはり、こうした島嶼部を狙《ねら》ってくるのではないかと、われわれとしては……。

習近平守護霊　いいねえ。君らみたいな〝原始人〟は、ほんとに助かるわ。まあ、しっかりそういう分析《ぶんせき》をしてたらいいよ。

里村　はい。

習近平守護霊　君、早く、もう石垣島《いしがきじま》にでも移って、向こうの新聞記者でもやったほうがいいんじゃないか？

里村　はい（苦笑）。

習近平守護霊　そのあたりのレベルだな、頭のレベルが。やっぱり、私がやるんだったらねえ、「東京大空襲」と、「台湾占領《せんりょう》」とを一緒《いっしょ》にやりますから。

里村　一緒にですか！

習近平守護霊　当然でしょう。当ったり前じゃないですか（笑）。「日本の国会は要《い》らない。早く閉《と》じたほうがいい」

綾織　先ほどは、「経済的に朝貢《ちょうこう》関係をつくって、だんだん支配していく」という話でしたけれども。

習近平守護霊　うーん。いや、それでもいいですよ。一省になるなら、それでもいいよ。うん。

綾織　軍事的にも仕掛《しか》けていく……。

習近平守護霊　安倍さんが空をハエみたいに飛んでいて、力尽《つ》きたら、それはポタッと落ちてくるだろうからさ。

まあ、そのあと、飛ぶ人もいなくなったら、それでもいいし。（国民）民主党側だったら、いくらでも中国に朝貢外交を始めるだろうから。

里村　まあ、国民民主党は、ちょっと難しいかなと思います。そんな力もないのですが、ただ、日本の左勢力は、確かに朝貢するかもしれません。

習近平守護霊　もうとにかく、日本の国会は要《い》らないね。あれ、早く閉《と》じたほうがいいよ。そしたら、財政赤字も削減《さくげん》されるし。

里村　ああ。

習近平守護霊　あとは、中国に伺いを立てに来たらいいだけよ。〝北京詣《ペキンもう》で〟をすれば。「どういうふうにしたらいいですか」って。

8　それは、自信か驕《おご》りか

トランプを甘《あま》く見すぎているのか？

習近平守護霊　だから、日本はまもなく、〝アメリカの不沈《ふちん》空母〟から〝中国の不沈空母〟に変わるから。もうすぐ、在日米軍は全部撤収《てっしゅう》させるから。数年以内に撤収させるから。

里村　在日米軍を撤収させる？

習近平守護霊　うん。今回がその「始まり」じゃない？　もう撤収させますよ。

里村　「この朝鮮《ちょうせん》半島情勢の変化がその始まりだ」ということですね。

習近平守護霊　うーん、次はね、だから台湾《たいわん》ももうすぐ落ちるよ。

綾織　そのあたりの見方は、非常にシンク・ビッグで素晴《すば》らしいと思うのですけれども。一方で、トランプ政権の場合、もっとメリハリをつけていて、「在日米軍よりも、台湾にアメリカ軍を駐留《ちゅうりゅう》してもよいのではないか」という考え方も出てきています。

習近平守護霊　いや、何かトランプさんは、私が見ていると、「雑貨屋の親父《おやじ》」ぐらいにしか見えないんだよ。個人商店で、物を一生懸命《いっしょうけんめい》売ったり買ったりしているような、そんなふうに、まあ……。

中古品の売買かな？　壺《つぼ》か何かを買ったり売ったりしているような、そんな親父にしか見えないねえ、私には。

里村　いや（苦笑）、それは、私が重ねて習主席の守護霊様に言うのはおかしいのですが、少しトランプさんを軽く見すぎていませんか。

習近平守護霊　だから、「君が毛沢東《もうたくとう》の生まれ変わりだ」っていうのなら、君の意見は対等に聞いてあげるよ。

里村　（笑）はい。

綾織　そのような、トランプ大統領に対する見方は、私たちにとっては非常に〝ありがたい話〟ではあるのですけれども、やはり、先ほど話に出た「貿易戦争」など、トランプ大統領の「経済的な戦略」の部分、「軍事的な戦略」の部分が、逆に見えていないと思うのですが。

習近平守護霊　あれだけ国内のマスコミに突《つ》き上げられるようでは、そんな優秀《ゆうしゅう》ではないんじゃないの？　肥満しすぎて、ちょっと駄目《だめ》なんじゃない？

それと何か、またユダヤ教に入れ込《こ》んでしまってねえ。娘婿《むすめむこ》の影響《えいきょう》でイスラエルに入れ込んでしまったから、アラブを敵に回しちゃって。今、産油国は、ほかのパトロンを探さなきゃいけなくなってきているわけですからね。

里村　いや。ただ、トランプ大統領は、エルサレムに行っても、サウジアラビアやエジプトについては、やはり、しっかりと引きつけていますから。

習近平守護霊　いや、いや、いや。もうすぐ終わりますから。

里村　終わる?

習近平守護霊　うん。もうすぐ終わるから。

里村　それは、どのように終わるのでしょうか。

習近平守護霊　だから、中国に〝帰依《きえ》〟した国家が、それぞれのところで支配権を持つようになるので。

中国は再び宗教で倒《たお》されることはないのか

市川　一つお訊《き》きしたかったのが、ヨーロッパについてです。

最近、ドイツのメルケル首相も、日本の安倍《あべ》首相にアプローチしたりして、若干《じゃっかん》、方針を変えてきています。ただ一方で、ヨーロッパには、非常に中国に頼《たよ》っているところもあります。
中国は、今後の「対ヨーロッパ戦略」については、何かお考えでしょうか。

習近平守護霊　いや、それは取る気でいるよ、もちろん（笑）。当たり前じゃない。だから、取られないように、イギリスは（EUから）逃《に》げ出しているんじゃないの？　残ってたら一緒《いっしょ》に取られるから。イギリスは逃げようとしてるんだよ。もうすぐ、ヨーロッパは中国に押《お》さえられるんだよ、EUはな。
だから、君らは世界伝道か何か知らんが、やれるのは、もう今のうちだから。今が最後だから、早めに行っといたほうがいいよ。もうすぐ行けなくなるから。

市川　おそらく、中国でも、共産党の党員の数よりも、（中国国内の）キリスト教徒の信者の数のほうが多いかなと思うので……。

習近平守護霊　大丈夫《だいじょうぶ》だよ。キリスト教徒は、みんな共産党を信じてるから。大丈夫なんだよ。「銃《じゅう》」と「食糧《しょくりょう》」には勝てないんだって。チベットだってウイグルだって、みんな一緒なんだよ。宗教は最後はね、銃と食糧には勝てないんだよ。それはね、マホメットも示したところではあるからね。軍事的に勝てない以上、基本的には勝てないんだよ。

綾織　ただ、中国の歴史では、政権はほとんどすべて宗教勢力によって倒《たお》されていますよね。

習近平守護霊　いや、それは過去の話でね。今の宗教は、〝テクノロジー〟を持っていないからねえ。「心の教え」を説いていたらいいよ、〝安上がり〟だからね。それは、いいよ。

綾織　中国の政権というのは、過去においても、軍事的にはそれなりの力で権力を維持《いじ》していましたが、やはり、宗教勢力がそれを倒してきていますので。

習近平守護霊　まあ、今のところは無敵だな。

習近平は、霊界《れいかい》の秦《しん》の始皇帝《しこうてい》から指導を受けているのか

里村　今日、私としては、そこの認識をお伺《うかが》いしたかったのです。つまり、去年（二〇一七年）の十月の中国共産党大会、そして、今年に入っての憲法改正によって、完全に、国家主席の終身制が実現可能な状態になりました。

習近平守護霊　まあ、しょうがないよ。西側のまねをして、ちょっとかっこよく見せているだけで、実際は、憲法なんて、私が〝トイレットペーパー〟に書き換《か》えた

ら終わりなんだよ、あんなもの。

里村　そうすると、今、ご自身の認識としては、「毛沢東に並んだ」という……。

習近平守護霊　超《こ》えたね。

里村　超えた!?

習近平守護霊　うーん。超えた。

里村　毛沢東を?

習近平守護霊　毛沢東は、「日本軍が怖《こわ》くて、逃げて逃げて生き延びて、日本が滅《ほろ》びたので、やっと国を建てた」っていう（笑）。そんな人とねえ、私を一緒にするんじゃないよ。

里村　ただ、それは、ある意味で、毛沢東のリアリスト（現実主義者）の部分ではないかと思うのです。毛沢東には、「あるときは日本に寝返《ねがえ》って、日本のスパイをやりながら生き延びた」というような部分があるんですね。これは、よくも悪くも受け取れるのですが、習主席はそれを超えたと？

習近平守護霊　いや、今、中国十四億人を完全に掌握《しょうあく》しているから。もう怖いものなんかないよ。

里村　ただ、例えば、後継者《こうけいしゃ》の問題についても、習主席は大方の予測を裏切って、次の後継者を指導部の政治局常務委員にまったく入れませんでした。胡春華《こしゅんか》氏もそうですし、孫政才《そんせいさい》氏にいたっては、腐敗《ふはい》問題で失脚《しっきゃく》させました。
そのように、後継者を用意しないで大丈夫なものなのですか。

習近平守護霊　うーん……。私は今、「不老不死の研究」に入っとるからね。

里村　（霊界《れいかい》の）秦《しん》の始皇帝《しこうてい》の影響が、すごく強く出ていませんか。

習近平守護霊　ああ？　知らんが、そうかねえ。不老不死……。まあ、今はね、「人生、百二十歳《さい》を目指せ」と大川隆法総裁も言っているとのことであるから。百二十歳まで行くと、私はあと五十五年は帝国《ていこく》主義を続けることができるので、世界を支配するのに十分な時間がある。

市川　始皇帝においても、不老不死の薬は見つけることができませんでした。

習近平守護霊　うーん……。

里村　そのため、始皇帝は、水銀を「薬」だと思って飲んで死んだのです。

習近平守護霊　まあ、それは科学知識の不足だが、今、中国は科学技術が非常に進んでおるのでね、大丈夫だ。

里村　今日、私たちがお伺いしているのは、習主席の守護霊でもあるけれども、本当は……。

習近平守護霊　力を増しているんだよ。

里村　えっ？

習近平守護霊　今はね、力を増しているから。

里村　増している？

習近平守護霊　就任前、副主席のときから主席になって、それから何年かの実績を積んで、今はね、「北朝鮮と米国を対等に演出することができた」という実績を経《へ》て、「（アメリカより）私らのほうが百倍強い」っていうことが実感できたんでね。世界は、どうにでもできる。私の掌《てのひら》の内にあるね。

綾織　〝かなりの認識〟まで行かれていると思うのですけれども。ちょっと、霊界の話になりますが、始皇帝とお話をされますか。

習近平守護霊　うん？　いや、中華《ちゅうか》人民共和国は、いちおう公式には宗教を「アヘン」と見なしておるわけであってね。だから、「始皇帝と話ができますか」っていうのは、タイムマシンが開発されないかぎり、それはありえない。

綾織　今、お話しさせていただいているのは守護霊様ですよね？

習近平守護霊　あっ、そうか。まあ、いいじゃないか。そのへんは、精神医学において、「深層意識」っていうのはあることになっているから。（君たちは）その深層意識と話してるわけだから。現代医学的にはありえることだから、まあ、いいんじゃないか。

9　民主主義が終わりを迎《むか》える？

〝習帝国《ていこく》〟が目指すものとは

里村　二十世紀の中国においては、辛亥革命《しんがいかくめい》のあとに、袁世凱《えんせいがい》●という人が総統になって……。

習近平守護霊　ああ、いたね。

里村　一度、〝とち狂《くる》って〟というか、皇帝《こうてい》になって、すぐに病気で死んでしまいました。もしかすると、習主席のなかには、「共産党独裁という体制から〝習帝国〟へ」というお考えがおありなのでしょうか。

●袁世凱（1859〜1916）　中国の軍人、政治家。1913年、中華民国初代大総統に就任。帝政を復活させ自《みずか》ら皇帝となるが、国内外の反発を買い、1916年、帝政を取り消した。

習近平守護霊　当たり前じゃない、何を言ってるの。

里村　当たり前？

習近平守護霊　何をバカなことを訊《き》いてるの。そのつもりで、やってるんじゃないか。何をバカな……。

里村　そうすると、文字どおりの「世界皇帝」……。

習近平守護霊　世界皇帝ですよ。

里村　それも、〝習近平帝国〟の。

習近平守護霊　すでに世界皇帝なんですよ。

里村　そうすると、今回、確かに、共産党のほかの政治局員のいろいろな力も削《そ》いで、もうかなり、周りを自分のイエスマンで固めておられるのですけれども、これは事実上、「〝習近平帝国〟の帝室《ていしつ》はできている。この過程を、今、私たちは見ている」ということですか。

習近平守護霊　うん。「民主主義国家には絶対に敗れない」という自信があるので。トランプさんがいくら頑張《がんば》ろうと、（二期務めたとして）あと六年しかないけど、あのマスコミの状況《じょうきょう》から見たら、現実は厳しいでしょうねえ。

里村　まあ、民主主義の厳しさもありますが、共産主義なら共産主義で、やはり、

「個人的権力を持たない」ということや「集団指導体制」、あるいは「個人崇拝《すうはい》に対する反感」というものも非常にあるわけです。

ですから、「共産主義であっても限界がある」と思うのですが……。

習近平守護霊　いや、私は、もう共産主義は超《こ》えてるんだよ。

里村　超えている？

習近平守護霊　やっぱり、〝スーパー共産主義〟というかね、本当に、「万国《ばんこく》のプロレタリアート（労働者階級）を団結させたい」というマルクスの予言を成就《じょうじゅ》するために生まれたような存在でしてね。「万国」だからね、中国じゃないよ。やっぱり、万国のプロレタリアート、労働者たち、同志諸君に号令を発するのが仕事なので。

里村　重ねて訊きます。そうすると、もう、政治システムとして共産党独裁体制を投げ出して、実際に〝習帝国〟というかたちを取られる意志があるのですか。

習近平守護霊　まあ、議会制なんかも、そう長くはなかろうね。そう長くはないと思うよ。だから、長老が減ったらね、ちょっと、そこらで考えるから。

市川　そういたしますと、〝習帝国〟として世界を支配された場合、何をされたいのでしょうか。

習近平守護霊　何がって？

市川　何を理想とされているのでしょうか。

習近平守護霊　いやあ、それは、「男として、支配できるだけ支配する」っていうのは、もう根本的な衝動《しょうどう》じゃないか。

市川　では、「個人的な思いが強い」ということなのでしょうか。

習近平守護霊　それは、そうですよ。「地球は私のものだ」と思っているから。

里村　はあ！　そうですか。それは……。

習近平守護霊　私の代で、「アメリカの世紀」を終わらせます。

「民主主義は退化」と語る習近平守護霊

綾織　〝非常にすごいな〟とは思いつつも、ただ、この六、七年ぐらいでも、習近平主席に対する暗殺未遂《みすい》事件は、十や二十ではきかないと言われていまして。

習近平守護霊　いや、それも楽しみでねえ。

綾織　あっ、楽しみ？（苦笑）

習近平守護霊　暗殺を企《くわだ》ててくれるとねえ、「公開処刑《しょけい》」ができるから。そうすると、見せしめができて、みんな、ピリッと引き締《し》まるのよ。だから、ときどきあると面白《おもしろ》いんだよ。

だけど、絶対にね、うちの支配網《もう》、情報網から逃《のが》れることはできないから。

綾織　そう言いつつ、「毎日、どこでお休みになっているのか、情報を明らかにしない」という状態で、今……。

習近平守護霊　別に明らかにしても……。

里村　そのように、居場所を変え、姿を見えなくするところが、始皇帝《しこうてい》とそっくりなんですよ。

習近平守護霊　だから、権力の違《ちが》いなんだよ。安倍《あべ》首相なんか、どこにいたか全部、書いてあるじゃないの。主要マスコミは、全員、知ってるんだからさあ。

綾織　まあ、そうですね。

習近平守護霊　「今日は、ホテルでランニングしとった」「プールで泳いでた」「サウナに入ってた」。

里村　はい（苦笑）。

習近平守護霊　殺し放題だよね。もう、どうにでも殺せるよな。

綾織　そこが文明国である理由ですね。

習近平守護霊　あなたねえ、六本木《ろっぽんぎ》あたりなんか、中国人がいっぱい働いてるんだよ。私らも「殺そう」と思ったら、いつでも殺せるんだよ。核《かく》ボタンなんか要《い》らない。「安倍さんを、明日《あした》、殺《や》ってくれるか」って。もうそれで終わりなんだよ。

里村　いや、政治家の行動をオープンにすることが、ある意味で、文明の進歩であり、政治の進歩なんですよ。

習近平守護霊　なんで？　進歩じゃなくて退化なんだよ。何言ってる。君らは、もう終わってるんだよ。民主主義が終わるんだろ？　政治の世界の終わりなんだよね？　もう終焉《しゅうえん》なの。

それで、その次に〝習帝国〟の時代が始まるので。もう一回、時代は戻《もど》って、〝習王国〟が始まるわけよ。それが世界帝国をつくる。

今、交通が便利になったんでね。あと、情報がね。だから、世界の監視《かんし》カメラは、すべて、中国が管理しますから。アメリカの情報系、インターネット系の会社等の本社は、みな、中国に呼びますので。

それで世界を全部、一瞬《いっしゅん》のうちに見て取れるようにします。あらゆる人がどこにいるか、全部つかめるようにします。「今、安倍さんがトイレに入って、十分間出てこない」とか、そこまで分かるところまでやりますから。

里村　なるほど。「ネット系のグローバル企業《きぎょう》が中国とつながりやすい」というところについては、われわれも気をつけないといけないと思います。

習近平守護霊　だから、君らぐらいの、何万部ぐらいしか出していないぐらいの雑誌（月刊「ザ・リバティ」〔幸福の科学出版刊〕）の編集長に悪口を書かれたってさあ、安倍さんも天皇陛下《へいか》も、君らを潰《つぶ》すことさえできないんだろう？　私らの国に入ったらねえ、君らなんか明日の命は……。

里村　それが民主主義であり、自由の価値なんですよ。

習近平守護霊　だから、民主主義なんて間違ってるんだから、そんなの、どうでもいいんだよ。（中国に入ったら、君らは）明日の命だって保証されないんだからさあ。

綾織　それは、ご自身も一緒《いっしょ》だと思うんですけれども。

習近平守護霊　うん？

綾織　今、中国のなかで、逆に流行《はや》ってきているのは壁《かべ》新聞ですよね。

習近平守護霊　しょうもない！　古っ。古っ。古っ。

綾織　それで、習近平氏の批判をする。

習近平守護霊　あっ、古っ。

綾織　でも、それは、ある意味、イタチごっこで、公安警察も一生懸命《いっしょうけんめい》、壁新聞の取り締まりをやっている状態です。

習近平守護霊　それでいけるなら、君らのチラシで政府は倒《たお》せるよ。な？

綾織　いや、その可能性はあると思います。

習近平守護霊　ヘッヘッヘッヘッ（笑）。ないよ。何を言ってるんだ（笑）。

綾織　結局は、原始的な戦いでも、一つの言論の戦いですから。

習近平守護霊　日本のちっちゃな警察組織と公安組織でさえ、どうすることもできないんだから。

里村　分かりました。

習近平に死角があるとすれば

里村　そろそろお時間が迫《せま》ってきましたので、今日のお話をまとめたいと思います。

習近平守護霊　ああ、そうか。

里村　まず、習近平国家主席の周り、中国においては、今のところ軍事的に死角はないですか。

習近平守護霊　ない。

里村　経済問題で死角はないですか。

習近平守護霊　ない。

里村　政治システムにおいても死角はないですか。

習近平守護霊　うん。で、「宇宙戦略」においても死角はない。

里村　ないのですね。

習近平守護霊　「情報戦略」においても死角はない。〝地球征服《せいふく》〟計画は着々と進んでいる。

それから、君らはまだ知らない宇宙のテクノロジーもすでに入っている。

里村　そのあたりについては本当に深く訊きたいのですが、また別の機会にしたいと思います。

あとは、その地球征服計画から見て、今回の米朝首脳会談は上出来であるということですか。

習近平守護霊　まあ、要は、将棋《しょうぎ》で言やあ、「歩《ふ》を突《つ》いて、取らせた」というところだよね、向こうに。

里村　はあ。

習近平守護霊　「歩を突いて、取らせて、そして、あげた」。まあ、「金《きん》の後ろあたりから、ちょっと銀《ぎん》を打ち込《こ》む」ぐらいの感じかね。そんな感じですかね。

里村　なるほど。そういう手を打ったということですね。

また、米朝首脳会談、あるいは、今後、アメリカや日本が朝鮮《ちょうせん》半島に力を入れていく状況を逆に利用して、中国の影響力《えいきょうりょく》をさらに強めていくわけですか。

習近平守護霊　まあ、アメリカも日本も、これから〝孤独地獄《こどくじごく》〟に入っていくことと思うから、君らはどうやってサバイバルするか、〝地下教会〟としてはよく考えたほうがいいよ。

綾織　今、実際にアジアで起こっているのは、どちらかというと、反中国の流れです。

習近平守護霊　そんなことは起きないね。

綾織　「孤立する」と言えば、中国のほうが可能性は大きいと思います。

習近平守護霊　あと十年したら、日本は、中学校から英語じゃなくて「中国語」を教えるようになるから。「北京語《ペキン》」を教えるようになるからさあ。そうしないと、将来はもう生きていけなくなるからねえ。

里村　今日は、終始、非常に余裕《よゆう》に満ちたお言葉の数々を頂きました。われわれも、未来構築において、いろいろと考えるヒントを頂いたと思います。こうした言葉を世界の方々にも伝えていきたいと思います。

習近平守護霊　君たちのアニメ映画で悪役に描《えが》かれるのにも、できるだけ〝自画像〟を明確にしてあげたほうがいいだろうなあと思ってね、頑張っているところだからねえ。

しっかり、敵役《かたき》に描いてくれたまえ。それを全部押《お》し流すだけの力を持っているから。

里村　はい。承知いたしました。

われわれとしても、朝鮮半島情勢問題、そして、次の本丸《ほんまる》としての中国問題に大きな材料を頂いたと思います。

「トランプは保安官ぐらいにしか見えない」

習近平守護霊　まあ、君たちは私の実力を甘《あま》く見すぎているようだから、いずれ、それを後悔《こうかい》することになるだろう。

トランプなんてねえ、もうほんとに、「保安官」ぐらいにしか見えないわけよ、私らから見りゃあ（笑）。何の権力もないじゃないか。保安官にしか見えないなあ。

里村　チャーチル元英首相などがまったく別な見方をしているのですけども。

習近平守護霊　ああ、そう。ふーん。

里村　そのようにしか見えなくなっているところは、一つ、お気をつけになったほうがよろしいのではないかと思います。

習近平守護霊　君が毛沢東《もうたくとう》の生まれ変わりなら聞くけど、ただ、うちはそれを認めないから。

里村　そうですか。

●チャーチル元英首相……　『米朝会談後の外交戦略　チャーチルの霊言』（前掲）参照。

中国人の大量移民による日本支配計画

里村　（綾織・市川に）それでは、よろしいですか。

習近平守護霊　こんなのでいいの？　君たち、今日は何のために来たの？　もういいの？　こんなのでいいの？

里村　いや、もう、本当にたくさんの……。

綾織　十分です。

習近平守護霊　まあ、頑張って、中国、北京で君のところの雑誌を売ってみろよ。すぐ殺されるから。ハッハッハッハ（笑）。

綾織　やはり、中国の国民は「自由」を求めていると思いますし、「神」を求めていると思います。

習近平守護霊　全然求めてない。中国の人民は〝食糧《しょくりょう》だけ〟求めてるから。

綾織　そのあたりのことは、認識が届かないということがよく分かりました。

習近平守護霊　いや、食糧とねえ、あとは金があったら、海外で買い物？　「ブランドものは買える」と、そればっかり考えてるから。

綾織　それだと、単なる動物になってしまいますので。

習近平守護霊　なんで？　そんなことない。それでいいじゃない。人間としての最大の……。

綾織　中国の国民は、そうではないということだと思います。

里村　そういうなかで、だんだんと中国人の日本ファンも増えています。

習近平守護霊　で、日本人は減ってるからね。

里村　いや、これからは分かりません。

習近平守護霊　いやあ、もうすぐ移民が入るよね。中国の移民がドッと入って、日本を支配してくれるようになるから。

日本支配計画もあるんだよ。大量移民で日本を支配する計画があるから。

里村　それは存じ上げています。そういうものはありますよね。

里村　ただ、どちらが影響力が強いかです。

「米朝会談は私の掌《てのひら》の上で踊《おど》っているにすぎない」

習近平守護霊　それは中国だよ、結論は。

里村　さあ、それはどうでしょうか。はたして自由と民主主義の持つ価値が……。

習近平守護霊　もしねえ、君が僕《ぼく》の言葉は信じられないと言うならねえ、今日からラーメンを食べるの、断食《だんじき》しなさい。

里村　いや、いや、それは……（苦笑）。

習近平守護霊　ラーメン、餃子《ギョーザ》は全部、食べるのをやめなさいよ。

里村　そういう条件は抜《ぬ》きにして……。

習近平守護霊　できないだろう？

里村　いやいや、できないとかではなくて（苦笑）。

習近平守護霊　一カ月ももたないはずだから。

里村　関係のない問題ですから。

習近平守護霊　ええ？

里村　今日は習近平守護霊様の現在のお考え、心境をお伝えいただきました。六年ぶりのインタビューということで、まことにありがとうございました。

習近平守護霊　まあ、〝余裕綽々《しゃくしゃく》〟ということだなあ。だから、米朝会談なんて、私の掌《てのひら》の上で踊《おど》っているにしかすぎないと、こう見てるということだなあ。

（綾織に）残念だったなあ、産経新聞。さらばー、産経新聞。バイバーイ！　アッハッハッハッハ（笑）。

里村　こちらは月刊「ザ・リバティ」なのですけれども（笑）。

習近平守護霊　あ、そうか。違うのか。ああ、分からなかった。

里村　今日は貴重なお言葉を頂きました。ありがとうございました。

10　大川隆法所見：彼には民主主義の強いところが見えていない

大川隆法　（手を二回叩《たた》く）いやあ、だいぶ（以前の霊言《れいげん》と）変わっていらっしゃいますね。そうとう自信に満ちていらっしゃる。もう何年くらいやっていなかったですかね。六年ぐらいですか。

里村　はい。二〇一二年の九月以来です。習近平氏がトップに立ったのは、二〇一二年の十一月です。

大川隆法　そして、権力としては、毛沢東《もうたくとう》以来、最高の主席なんでしょう。

里村　いちおう、そうですね。

大川隆法　すでに鄧小平《とうしょうへい》を完全に超《こ》えたと見ていますね。

里村　ええ。

大川隆法　鄧小平を超えたと見ているので、もう、毛沢東も超えたと。

里村　超えたと。はい。

大川隆法　「始皇帝《しこうてい》なんか目じゃない」という感じですね。これは、「宇宙圏《けん》」まで支配する気があるようですから、来来軒《らいらいけん》を〝宇宙軒〟という名前に変えなければいけないぐらいかもしれません（笑）。まあ、面白《おもしろ》いですね。どうなるか楽しみにしています。私たちも、戦い甲斐《がい》があって、いいのではないですか。

里村　はい。

大川隆法　幸福の科学の映画でも、二〇五〇年ぐらいまで描《えが》いたり、二一〇〇年まで描いたりして、いろいろとつくっていますので、中国に〝頑張《がんば》って〟いただかないと、みな外れてしまいますのでね。このくらいの勢いで頑張ってくださると、ちょうど〝適切な〟展開になるかと思います。

里村　はい（笑）。

大川隆法　ただ、人間の能力には限界がありますから、ピークを迎《むか》えたものは、いずれ限界を超えるときもあるでしょう。

里村　はい。

大川隆法　確かに、民主主義の弱いところもあることは事実ですが、彼には、その強いところについては十分に見えてはいないだろうと思いますね。

独裁者が出てきたとしても、多くの有能な人材を使い切れないところが、やはり、弱さではあるのですよ。

民主主義には、人材を教育して、どんどんつくり出していけるところの強さ、国として連綿とした力をつくり出す強さがあるのです。

彼は、ここの部分を見誤っているかもしれないので、もしかしたら、五年、十年後には、信長《のぶなが》や秀吉《ひでよし》の最期《さいご》、あるいはヒットラーの最期、ムッソリーニの最期のようなものが来るかもしれません。

里村　なるほど。

大川隆法　終身制といっても、死ねばそこまでですからね。

里村　はい。

大川隆法　まあ、「文明実験」として頑張らせていただきたいと思います。

里村　自由と民主主義の価値を世界に広げていけるよう、頑張ってまいります。

大川隆法　（手を二回叩きながら）それでは、ありがとうございました。

里村　まことにありがとうございました。

あとがき

今朝の朝刊によると、台湾の李登輝《りとうき》元総統が明日沖縄の慰霊祭《いれいさい》に出席することさえ、中国政府は非難している。心の狭い国だ。毛沢東の中華人民共和国は、一度も台湾を統治した事実などない。正式に日本兵として戦った台湾人の慰霊に元総統が来て一体何が悪かろう。

無神論の国家の非人道性は、チベットやウイグルをみればよくわかる。侵略された国家の民は焼身自殺《しょうしんじさつ》ぐらいしか抗議の手段はないのだ。香港だって英国から返還されてから五十年は一国二制度を約束されていた。なのに北京政府の弾圧は、二十年を待たずして始まった。

台湾の民主・自由・信仰は守られるべきだ。同じく、フィリピンやベトナムも日米を中心とした価値観で護られるべきだ。

国際法上違法と判決が下った南沙《なんさ》・西沙《せいさ》諸島の基地化を進める中国が、中近東やヨーロッパ、アフリカの平和を保証するはずはなかろう。

神の正義は独裁国家の専制を決して許すまい。

二〇一八年　六月二十三日

幸福《こうふく》の科学《かがく》グループ創始者兼総裁《そうししゃけんそうさい》

幸福実現党創立者兼総裁《こうふくじつげんとうそうりつしゃけんそうさい》　大川隆法《おおかわりゅうほう》

『守護霊インタビュー　習近平 世界支配へのシナリオ』大川隆法著作関連書籍

『北朝鮮の実質ナンバー2 金与正の実像　守護霊インタビュー』（幸福の科学出版刊）
『米朝会談後の外交戦略　チャーチルの霊言』（同右）
『米朝会談後に世界はどう動くか　キッシンジャー博士 守護霊インタビュー』（同右）
『ドゥテルテ フィリピン大統領 守護霊メッセージ』（同右）
『司馬遼太郎　愛国心を語る』（同右）
『「太平天国の乱」の宗教革命家 洪秀全の霊言』（同右）
『世界皇帝をめざす男』（幸福実現党刊）
『中国と習近平に未来はあるか』（同右）

守護霊《しゅごれい》インタビュー
習近平《しゅうきんぺい》 世界支配《せかいしはい》へのシナリオ
――米朝会談に隠された中国の狙い――

2018年6月25日　初版第1刷

著　者　大《おお》川《かわ》隆《りゅう》法《ほう》

発行所　幸福の科学出版株式会社
〒107-0052 東京都港区赤坂2丁目10番14号
TEL(03)5573-7700
https://www.irhpress.co.jp/

印刷・製本　株式会社 研文社

落丁・乱丁本はおとりかえいたします

ISBN978-4-8233-0013-4 C0030
カバー AP/アフロ／AFP/アフロ
装丁・写真（上記・パブリックドメインを除く）©幸福の科学

大川隆法霊言シリーズ・中国が描く覇権主義の姿

中国と習近平に未来はあるか

反日デモの謎を解く

「反日デモ」も、「反原発・沖縄基地問題」も中国が仕組んだ日本占領への布石だった。緊迫する日中関係の未来を習近平氏守護霊に問う。【幸福実現党刊】

1,400円

世界皇帝をめざす男

習近平の本心に迫る

中国の国家主席に就任する前、習近平氏の守護霊が語っていた「大中華帝国」が目指す版図とは？ 恐るべき同氏の過去世とは？【幸福実現党刊】

1,300円

秦の始皇帝の霊言
2100 中国・世界帝国への戦略

ヨーロッパ、中東、インド、ロシアも支配下に!? 緊迫する北朝鮮危機のなか、次の覇権国家を目指す中国の野望に、世界はどう立ち向かうべきか。

1,400円

大川隆法霊言シリーズ・全体主義者の本心と死後の様子

マルクス・毛沢東のスピリチュアル・メッセージ

衝撃の真実

共産主義の創唱者マルクスと中国の指導者・毛沢東。思想界の巨人としても世界に影響を与えた、彼らの死後の真価を問う。

1,500円

アダム・スミス霊言による「新・国富論」

同時収録 鄧小平の霊言 改革開放の真実

国家の経済的発展を導いた、英国の経済学者と中国の政治家。霊界における境遇の明暗が、真の豊かさとは何かを克明に示す。

1,300円

赤い皇帝 スターリンの霊言

旧ソ連の独裁者・スターリンは、戦中・戦後、そして現代の米露日中をどう見ているのか。共産主義の実態に迫り、戦勝国の「正義」を糺す一冊。

1,400円

※表示価格は本体価格（税別）です。

大川隆法 霊言シリーズ・中国の民主化を目指して

中国民主化運動の旗手
劉暁《りゅうぎょう》波《は》の霊言

自由への革命、その火は消えず

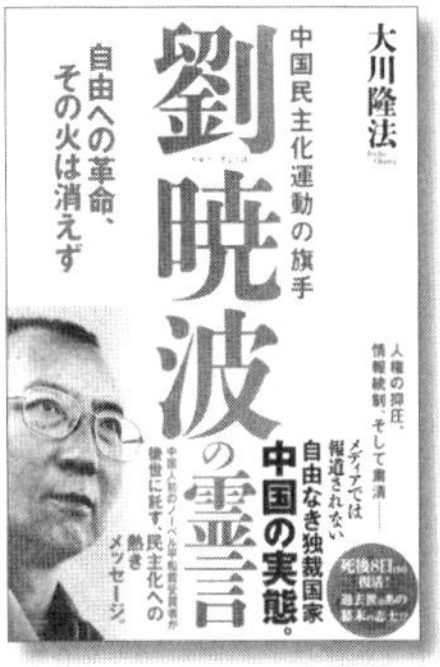

中国人初のノーベル平和賞受賞者が、死後8日目に復活メッセージ。天安門事件の人権弾圧に立ち会った劉氏が後世に託す、中国民主化への熱き思いとは。

1,400円

孫文の
スピリチュアル・メッセージ

革命の父が語る中国民主化の理想

中国や台湾で「国父」として尊敬される孫文が、天上界から、中国の内部情報を分析するとともに、中国のあるべき姿について語る。

1,300円

「太平天国の乱」の宗教革命家
洪秀全の霊言

北朝鮮の「最期」と中国の「次の革命」

世界史上最大規模の革命運動だった「太平天国の乱」。その指導者・洪秀全の隠された歴史的意味と、今後、中国で予想される革命の姿が明かされる。

1,400円

幸福の科学出版

大川隆法ベストセラーズ・日本の取るべき道を示す

国家繁栄の条件

「国防意識」と「経営マインド」の強化を

現在の国防危機や憲法問題を招いた「吉田ドクトリン」からの脱却や、国家運営における「経営の視点」の必要性など、「日本の進む道」を指し示す。

1,500円

危機のリーダーシップ

いま問われる政治家の資質と信念

党利党略や、ポピュリズム、嘘とごまかしばかりの政治は、もう要らない。国家存亡の危機にある今の日本に必要な「リーダーの条件」とは何か?

1,500円

自分の国は自分で守れ

「戦後政治」の終わり、「新しい政治」の幕開け

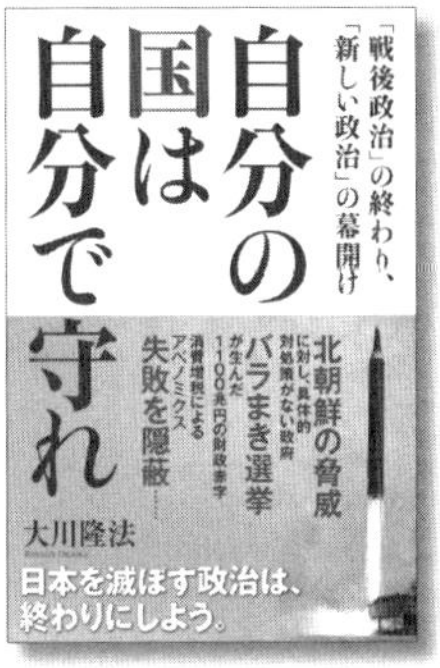

北朝鮮の核開発による国防危機、1100兆円の財政赤字、アベノミクスの失敗……。嘘と国内的打算の政治によって混迷を極める日本への政治提言!

1,500円

幸福の科学グループのご案内

宗教、教育、政治、出版などの活動を通じて、地球的ユートピアの実現を目指しています。

幸福の科学

一九八六年に立宗。信仰の対象は、地球系霊団の最高大霊、主エル・カンターレ。世界百カ国以上の国々に信者を持ち、全人類救済という尊い使命のもと、信者は、「愛」と「悟り」と「ユートピア建設」の教えの実践、伝道に励んでいます。

（二〇一八年六月現在）

愛

幸福の科学の「愛」とは、与える愛です。これは、仏教の慈悲《じひ》や布施《ふせ》の精神と同じことです。信者は、仏法真理をお伝えすることを通して、多くの方に幸福な人生を送っていただくための活動に励んでいます。

悟り

「悟り」とは、自らが仏の子であることを知るということです。教学《きょうがく》や精神統一によって心を磨き、智慧《ちえ》を得て悩みを解決すると共に、天使・菩薩《ぼさつ》の境地を目指し、より多くの人を救える力を身につけていきます。

ユートピア建設

私たち人間は、地上に理想世界を建設するという尊い使命を持って生まれてきています。社会の悪を押しとどめ、善を推し進めるために、信者はさまざまな活動に積極的に参加しています。

国内外の世界で貧困や災害、心の病で苦しんでいる人々に対しては、現地メンバーや支援団体と連携して、物心両面にわたり、あらゆる手段で手を差し伸べています。

年間約３万人の自殺者を減らすため、全国各地で街頭キャンペーンを展開しています。

公式サイト **www.withyou-hs.net**

ヘレン・ケラーを理想として活動する、ハンディキャップを持つ方とボランティアの会です。視聴覚障害者、肢体不自由な方々に仏法真理を学んでいただくための、さまざまなサポートをしています。

公式サイト **www.helen-hs.net**

入会のご案内

幸福の科学では、大川隆法総裁が説く仏法真理《ぶっぽうしんり》をもとに、「どうすれば幸福になれるのか、また、他の人を幸福にできるのか」を学び、実践しています。

入会

仏法真理を学んでみたい方へ

大川隆法総裁の教えを信じ、学ぼうとする方なら、どなたでも入会できます。入会された方には、『入会版「正心法語」』が授与されます。

ネット入会 入会ご希望の方はネットからも入会できます。
happy-science.jp/joinus

三帰《さんき》誓願《せいがん》

信仰をさらに深めたい方へ

仏弟子としてさらに信仰を深めたい方は、仏《ぶっ》・法《ぽう》・僧《そう》の三宝《さんぽう》への帰依を誓う「三帰誓願式」を受けることができます。三帰誓願者には、『仏説・正心法語《しょうしんほうご》』『祈願文《きがんもん》①』『祈願文②』『エル・カンターレへの祈り』が授与されます。

幸福の科学 サービスセンター
TEL 03-5793-1727 （受付時間／火～金：10～20時 土・日祝：10～18時）

幸福の科学 公式サイト
happy-science.jp

ハッピー・サイエンス・ユニバーシティ
Happy Science University

ハッピー・サイエンス・ユニバーシティとは

ハッピー・サイエンス・ユニバーシティ（HSU）は、大川隆法総裁が設立された「現代の松下村塾」であり、「日本発の本格私学」です。
建学の精神として「幸福の探究と新文明の創造」を掲げ、
チャレンジ精神にあふれ、新時代を切り拓く人材の輩出を目指します。

人間幸福学部　経営成功学部　未来産業学部

HSU長生キャンパス TEL **0475-32-7770**
〒299-4325　千葉県長生郡長生村一松丙 4427-1

未来創造学部

HSU未来創造・東京キャンパス
TEL **03-3699-7707**
〒136-0076　東京都江東区南砂2-6-5　公式サイト **happy-science.university**

学校法人 幸福の科学学園

学校法人　幸福の科学学園は、幸福の科学の教育理念のもとにつくられた教育機関です。人間にとって最も大切な宗教教育の導入を通じて精神性を高めながら、ユートピア建設に貢献する人材輩出を目指しています。

幸福の科学学園
中学校・高等学校（那須本校）
2010年4月開校・栃木県那須郡（男女共学・全寮制）
TEL **0287-75-7777** 公式サイト **happy-science.ac.jp**

関西中学校・高等学校（関西校）
2013年4月開校・滋賀県大津市（男女共学・寮及び通学）
TEL **077-573-7774** 公式サイト **kansai.happy-science.ac.jp**

仏法真理塾「サクセスNo.1」

全国に本校・拠点・支部校を展開する、幸福の科学による信仰教育の機関です。小学生・中学生・高校生を対象に、信仰教育・徳育にウエイトを置きつつ、将来、社会人として活躍するための学力養成にも力を注いでいます。

TEL 03-5750-0747（東京本校）

エンゼルプランV TEL 03-5750-0757

幼少時からの心の教育を大切にして、信仰をベースにした幼児教育を行っています。

不登校児支援スクール「ネバー・マインド」 TEL 03-5750-1741

心の面からのアプローチを重視して、不登校の子供たちを支援しています。

ユー・アー・エンゼル！（あなたは天使！）運動

一般社団法人 ユー・アー・エンゼル TEL 03-6426-7797

障害児の不安や悩みに取り組み、ご両親を励まし、勇気づける、
障害児支援のボランティア運動を展開しています。

NPO活動支援

学校からのいじめ追放を目指し、さまざまな社会提言をしています。また、各地でのシンポジウムや学校への啓発ポスター掲示等に取り組む一般財団法人「いじめから子供を守ろうネットワーク」を支援しています。

公式サイト mamoro.org ブログ blog.mamoro.org

相談窓口 TEL.03-5719-2170

百歳まで生きる会

「百歳まで生きる会」は、生涯現役人生を掲げ、友達づくり、生きがいづくりをめざしている幸福の科学のシニア信者の集まりです。

シニア・プラン21

生涯反省で人生を再生・新生し、希望に満ちた生涯現役人生を生きる仏法真理道場です。定期的に開催される研修には、年齢を問わず、多くの方が参加しています。全国146カ所、海外17カ所で開校中。

【東京校】TEL 03-6384-0778 FAX 03-6384-0779
メール senior-plan@kofuku-no-kagaku.or.jp

幸福実現党

内憂外患《ないゆうがいかん》の国難に立ち向かうべく、2009年5月に幸福実現党を立党しました。創立者である大川隆法党総裁の精神的指導のもと、宗教だけでは解決できない問題に取り組み、幸福を具体化するための力になっています。

幸福実現党 釈量子サイト shaku-ryoko.net
Twitter 釈量子@shakuryokoで検索

党の機関紙
「幸福実現NEWS」

幸福実現党 党員募集中

あなたも幸福を実現する政治に参画しませんか。

- ◯幸福実現党の理念と綱領、政策に賛同する18歳以上の方なら、どなたでも参加いただけます。
- ◯党費:正党員(年額5千円[学生 年額2千円])、特別党員(年額10万円以上)、家族党員(年額2千円)
- ◯党員資格は党費を入金された日から1年間です。
- ◯正党員、特別党員の皆様には機関紙「幸福実現NEWS(党員版)」が送付されます。

＊申込書は、下記、幸福実現党公式サイトでダウンロードできます。
住所:〒107-0052 東京都港区赤坂2-10-8 6階 幸福実現党本部
TEL 03-6441-0754 FAX 03-6441-0764
公式サイト hr-party.jp 若者向け政治サイト truthyouth.jp

出版 メディア 芸能文化 幸福の科学グループ

幸福の科学出版

大川隆法総裁の仏法真理の書を中心に、ビジネス、自己啓発、小説など、さまざまなジャンルの書籍・雑誌を出版しています。他にも、映画事業、文学・学術発展のための振興事業、テレビ・ラジオ番組の提供など、幸福の科学文化を広げる事業を行っています。

アー・ユー・ハッピー？
are-you-happy.com

ザ・リバティ
the-liberty.com

幸福の科学出版
TEL **03-5573-7700**
公式サイト **irhpress.co.jp**

THE FACT
ザ・ファクト
マスコミが報道しない「事実」を世界に伝えるネット・オピニオン番組

ザ・ファクト 検索

NEW STAR PRODUCTION

ニュースター・プロダクション

「新時代の"美しさ"」を創造する芸能プロダクションです。2016年3月に映画「天使に"アイム・ファイン"」を、2017年5月には映画「君のまなざし」を公開しています。公式サイト **newstarpro.co.jp**

ARI Production

ARI《アリ》 Production《プロダクション》

タレント一人ひとりの個性や魅力を引き出し、「新時代を創造するエンターテインメント」をコンセプトに、世の中に精神的価値のある作品を提供していく芸能プロダクションです。公式サイト **aripro.co.jp**

大川隆法　講演会のご案内

大川隆法総裁の講演会が全国各地で開催されています。講演のなかでは、毎回、「世界教師」としての立場から、幸福な人生を生きるための心の教えをはじめ、世界各地で起きている宗教対立、紛争、国際政治や経済といった時事問題に対する指針など、日本と世界がさらなる繁栄の未来を実現するための道筋が示されています。

2017 年8月2日 東京ドーム「人類の選択」

2017 年5月 14 日 ロームシアター京都
「永遠なるものを求めて」

2017 年4月 23 日 高知県立県民体育館
「人生を深く生きる」

2018 年２月３日 都城市総合文化ホール(宮崎県)
「情熱の高め方」

2017 年12月7日 幕張メッセ(千葉県)「愛を広げる力」

講演会には、どなたでもご参加いただけます。
最新の講演会の開催情報はこちらへ。⟹

大川隆法総裁公式サイト
https://ryuho-okawa.org